强国书系

人才强国

吴　江◎主编

人民日报出版社

北　京

图书在版编目（CIP）数据

人才强国 / 吴江主编. -- 北京 : 人民日报出版社, 2023.3

ISBN 978-7-5115-7727-6

Ⅰ. ①人… Ⅱ. ①吴… Ⅲ. ①人才培养—研究—中国 Ⅳ. ①C964.2

中国国家版本馆CIP数据核字(2023)第035400号

书　　名：人才强国
RENCAI QIANGGUO
主　　编：吴　江

出 版 人：刘华新
策 划 人：欧阳辉
责任编辑：毕春月　刘思捷
装帧设计：主语设计

出版发行：人民日报出版社
社　　址：北京金台西路2号
邮政编码：100733
发行热线：（010）65369509　65369512　65363531　65363528
邮购热线：（010）65369530　65363527
编辑热线：（010）65369521
网　　址：www.peopledailypress.com
经　　销：新华书店
印　　刷：大厂回族自治县彩虹印刷有限公司
法律顾问：北京科宇律师事务所　（010）83622312

开　　本：710mm × 1000mm　1/16
字　　数：168千字
印　　张：13.5
版次印次：2023年4月第1版　2023年4月第1次印刷

书　　号：ISBN 978-7-5115-7727-6
定　　价：58.00元

总　序

新征程指向新目标，新目标引领新征程。

在党的二十大报告中，习近平总书记浓墨重彩地描绘了“分两步走”全面建成富强民主文明和谐美丽的社会主义现代化强国的宏伟蓝图，开启了全面建设社会主义现代化国家新征程。

这是一个划时代的战略谋划，是一段将永载史册的壮丽征程。

新征程之“新”，体现为中国共产党的中心任务的明确：“团结带领全国各族人民全面建成社会主义现代化强国、实现第二个百年奋斗目标，以中国式现代化全面推进中华民族伟大复兴。”这是我们党作出的郑重宣示，是激励全党全国各族人民奋进新征程、建功新时代的总动员令。

新征程之“新”，体现为社会主义现代化强国建设道路的科学谋划：新中国成立特别是改革开放以来，我们用几十年时间走完西方发达国家几百年走过的工业化历程，创造了经济快速发展和社会长期稳定的奇迹，成功走出了中国式现代化道路，为中华民族伟大复兴开辟了广阔前景。党的十八大以来，我们党在已有基础上继续前进，不断实现理论和实践上的创新突破，成功推进和拓展了中国式现代化。中国式现代化是党领导人民长期探索和实践的重大成果，符合中国实际、反映中国人民意愿、适应时代发展要求，既体现了社会主义建设规律，也体现了人类社会发展规律，是实现社会主义现代化的必由之路，是创造人民美好生活的必由之路，是实现中华民族伟大复兴的必由之路。实践充分证明，中国式现代化不仅走得对、走得通，而且走得稳、走得好！

新征程之“新”，体现为社会主义现代化强国内涵的丰富和拓展：党的二十大报告指出，到二〇三五年，建成教育强国、科技强国、人才强国、文化强国、体育强国、健康中国；要求加快建设制造强国、质量强国、航天强国、交通强国、网络强国、数字中国，加快建设农业强国、海洋强国、贸易强国。这擘画了全面建成社会主义现代化强国的宏伟蓝图，目标清晰、任务明确，吹响了奋进号角。

新征程的开启，新目标的设定，均建立在中国共产党百余年持续不懈奋斗取得的巨大成就基础之上。

100多年来，中国共产党和中国人民创造一个又一个彪炳史册的人间奇迹，为开启全面建设社会主义现代化国家新征程，奠定了雄厚的理论基础、实践基础、制度基础。自成立之日起，我们党领导人民进行28年浴血奋战，完成新民主主义革命，为实现现代化创造了根本社会条件。新中国成立后，中国共产党人将现代化国家建设提上具体议事日程，团结带领人民取得社会主义革命和建设的伟大成就，为现代化建设奠定了根本政治前提和宝贵经验、理论准备、物质基础。改革开放后，中国共产党人对中国式现代化的探索不断深化，团结带领人民取得改革开放和社会主义建设的伟大成就，为中国式现代化提供了充满新的活力的体制保证和快速发展的物质条件。中国特色社会主义进入新时代，中国共产党人在已有基础上继续前进，不断实现中国式现代化理论和实践上的创新突破，为中国式现代化提供了更为完善的制度保证、更为坚实的物质基础、更为主动的精神力量，也成为开启全面建设社会主义现代化国家新征程最直接、最现实的依据。

开启新征程，既是一项光明而前途远大的神圣事业，更是一项需要经过长期奋斗、付出巨大努力才能实现的伟大事业。全面建成社会主义现代化强国、以中国式现代化全面推进中华民族伟大复兴，绝不是轻轻松松、敲锣打鼓就能实现的，必须准备付出更为艰巨、更为艰苦的努力。

船行大海，离不开灯塔的引航；伟大征程，离不开科学理论的指南。

党的十八大以来，以习近平同志为核心的党中央紧紧围绕新时代坚持和发展什么样的中国特色社会主义、怎样坚持和发展中国特色社会主义，建设什么样的社会主义现代化强国、怎样建设社会主义现代化强国，建设什么样的长期执政的马克思主义政党、怎样建设长期执政的马克思主义政党等重大时代课题，进行艰辛理论探索，取得重大理论创新成果，创立了习近平新时代中国特色社会主义思想。习近平新时代中国特色社会主义思想，是当代中国马克思主义、二十一世纪马克思主义，是中华文化和中国精神的时代精华，是全党全国人民全面建设社会主义现代化国家、为实现中华民族伟大复兴而奋斗的行动指南，为我们全面建设社会主义现代化国家、谱写社会主义现代化新征程的壮丽篇章提供了根本遵循。

凡是过往，皆为序章。

开启新征程，我们更有信心和底气实现新目标。

有习近平新时代中国特色社会主义思想的科学指引，有中国共产党的坚强领导，有中国式现代化的显著优势，有全党全国人民团结奋斗的磅礴伟力，全面建成社会主义现代化强国的目标一定能够实现，中华民族伟大复兴的中国梦一定能够实现！

为帮助广大党员干部深刻理解全面建成社会主义现代化强国的奋斗目标，系统把握全面建成社会主义现代化强国的战略安排，人民日报出版社组织知名专家学者撰写“强国书系”，从不同侧面系统阐述社会主义现代化强国的丰富内涵和推进路径。我相信，“强国书系”的编撰出版，对于广大读者理解新思想、锚定新目标、奋进新征程，都具有一定的理论和实践指导意义。

目　录

第一章 人/才/强/国

建成人才强国的重大战略意义

中国共产党在百余年奋斗历程中，始终重视培养人才、团结人才、引领人才、成就人才，团结和支持各方面人才为党和人民事业建功立业。党的十八大以来，以习近平同志为核心的党中央深刻回答了为什么建设人才强国、什么是人才强国、怎样建设人才强国的重大理论和实践问题。党的二十大报告明确了强化现代化建设人才支撑的战略新定位，提出“培养造就大批德才兼备的高素质人才，是国家和民族长远发展大计”的新理念，对如何坚持人才引领驱动，加快建设人才强国进行全面部署。建成人才强国对实现中国式现代化和中华民族伟大复兴，都具有重大战略意义。

一、实现中国式现代化的基础性、战略性支撑

党的二十大报告指出，“教育、科技、人才是全面建设社会主义现代化国家的基础性、战略性支撑。”强化现代化建设人才支撑是党中央为建成人才强国作出的重大战略部署，也是实施新时代人才强国战略的发展主线。中国式现代化的基石是人才现代化，是实现人人皆可成才、人人尽展其才的现代化，是教育优先发展、科技自立自强、人才引领驱动三大战略支撑的现代化。

2013 年 10 月 21 日，习近平总书记在欧美同学会成立 100 周年庆祝大会上强调：“没有一支宏大的高素质人才队伍，全面建成小康社会的奋斗目标和中华民族伟大复兴的中国梦就难以顺利实现。”“我们比历史上任何时期都更接近实现中华民族伟大复兴的宏伟目标，也比历史上任何时期都更加渴求人才。”在实现现代化的历史进程中，世界并不存在一个定于一尊的现代化模式和放之四海而皆准的现代化标准。虽然先发的现代化国家的经验对后发国家现代化道路的选择具有借鉴意义，但后发外源性国家的现代化路径与先发内源性国家的现代化路径有所不同。中国式现代化“既有国家社会经济发展状况和发达水平达到世界先进和前沿、世界各国现代化共同的量的规定，又有符合人口规模巨大国

情、实现全体人民共同富裕、物质文明与精神文明相协调、人与自然和谐共生、走和平发展道路等中国自身特色的质的特性”。[①]选择什么样的现代化道路，首要是由一个国家的国情决定的，成功的现代化道路一定是符合其基本国情的。中国人口规模巨大的国情，决定必须走建设人才强国之路，率先实现人才现代化，即达到人才素质能力的现代化提升，人才创新环境的现代化培育，人才发展治理的现代化转型，以此支撑中国式现代化建设任务。

在工业化后期以及创新经济时代，人才资本已成为现代经济社会发展的动力源泉和战略资源。世界现代化发展的历史表明，教育发展和人力资本积累，是一个国家发展水平的重要体现，也是经济和社会进一步发展的主要动力。世界历史上几次成功的经济追赶的经验表明，教育兴、人力资本兴，而后才有经济兴、国力兴。建成人才强国，是构建我国高质量发展新格局的最佳路径。当前，我国经济正处于工业化发展中后期，实现对发达国家的经济追赶，关键是要将中国巨大规模的人力资源转化为引领驱动现代化的人才资本，将巨大的人口压力转变为人才红利，将低成本的劳动力优势转化为高素质的人才优势。这就需要我们学习世界各国现代化建设的有益经验，走人力资本优先积累、人才强国支撑现代化的发展之路，坚定不移地实施科教兴国战略、人才强国战略、创新驱动发展战略，以人才引领驱动为现代化建设奠定坚实基础。

加快建设人才强国，也是解决新时代社会主要矛盾的战略举措。中国特色社会主义进入新时代，我国社会主要矛盾已经转化为人民日益增

① 中国式现代化研究课题组：《中国式现代化的理论认识、经济前景与战略任务》，《经济研究》2022 年第 8 期。

长的美好生活需要和不平衡不充分的发展之间的矛盾。社会主要矛盾的变化是关系全局的历史性变化，对党和国家工作提出许多新要求，对人才工作也提出更高的要求。当前，发展不平衡不充分已成为满足人民日益增长的美好生活需要的主要制约因素，尤其是经济发展大而不强、大而不优，要素驱动力明显减弱，新动能尚未全面接续，经济社会发展对人才的需求从未像今天这样迫切。为此，党的二十大报告把建成人才强国列为实现中国式现代化的重大战略之一，明确提出要坚持党管人才原则，聚天下英才而用之，加快建设人才强国。这是解决新时代我国社会主要矛盾的必然选择和战略举措。只有加快建设人才强国，在经济社会发展中充分发挥人才的战略支撑作用，才能加速向主要依靠知识积累、技术进步和劳动力素质提升的内涵式发展转变，在我国发展的内生动力和活力上实现根本性变化，为解决社会主要矛盾提供根本动力。只有加快建设人才强国，着力解决人才发展不平衡不充分问题，才能有力推动产业结构优化升级，促进我国产业迈向全球价值链中高端；才能加快形成新动能，鼓励更多社会主体投身创新创业，在创新引领、人力资本服务等领域培育更多新增长点，更好实施创新驱动发展战略，以人才引领创新、创新驱动发展、发展实现振兴。

二、推动经济高质量发展的决定性因素

改革开放以来，我国国内生产总值年均增长率接近10%，社会生产力水平大幅提升，2010年制造业增加值超过美国，220多种工业产品生产能力跃居世界第一，经济总量位列世界第二，在全球经济中的占比提高到18%，创造了“中国奇迹”。在高速增长阶段，一方面，我国经济发展主要依靠生产能力的规模扩张，而随着钢铁、煤炭、石化、建材、有色等传统工业品产能达到甚至超过市场需求峰值，传统产业大规模扩张的阶段已基本结束；另一方面，我国劳动年龄人口逐年减少、劳动力比较优势减弱、自然资源供需形势变化、生态环境硬约束强化，使得依靠生产要素大规模高强度投入的要素驱动、投资驱动模式难以为继。因此，我国必须由高速增长阶段转向高质量发展阶段。

现代化建设的首要任务是高质量发展，推动我国经济转向高质量发展，不仅要把握国内外环境的变化趋势与历史性机遇，更要加快新旧动能转换，推动经济发展质量变革、效率变革、动力变革，提高全要素生产率，实现由要素投入驱动向技术创新驱动的跨越，而创新驱动的实质是人才引领。现代经济增长的动力源泉，主要包括资本、劳动、人力资本和全要素生产率四大类。第二次世界大战后，开启工业化进程，甚至短暂跨过中高收入门槛的国家很多，但真正跨越中等收入陷阱、成为发

达国家的只有韩国、新加坡、以色列等少数国家，这些国家无不在全球创新和产业链分工中占据关键位置。提升全要素生产率、劳动生产率、科技贡献率、人力资本积累等，都与人才创新直接相关。理论和国际经验均表明，创新和技术进步是一个国家经济增长最重要的动力源泉，其实质是人力资本的贡献。创新不仅是科技创新，还有管理创新、制度创新，创新的关键是人才。只有从要素驱动转向创新驱动，从人才优先发展转向人才引领发展，才能更好地实现高质量发展。

2018 年 3 月 7 日，习近平总书记参加十三届全国人大一次会议广东代表团的审议时强调："中国如果不走创新驱动发展道路，新旧动能不能顺利转换，就不能真正强大起来。强起来要靠创新，创新要靠人才。"在发展、人才、创新三者之间，"发展是第一要务，人才是第一资源，创新是第一动力"。人才是发展和创新的核心要素和动力源泉。全面建成社会主义现代化强国，转化发展动能，实现高质量发展，根本出路在于创新，关键靠人才。依靠自主创新引领经济发展和社会进步，必须充分发挥人才的基础性、战略性、决定性作用。只有完善人才发展机制，用好用活创新人才，才能突破资源禀赋、要素约束的限制，盘活和聚合资本、技术、信息等各种创新资源，促进人才链与创新链、产业链、资金链有机衔接，形成创新优势、科技优势、产业优势，真正把创新驱动发展战略落到实处。因此，既要更加突出吸引集聚、培养造就能够站在科技创新前沿、具有世界一流水平的战略科技人才、科技领军人才和高水平创新团队，又要更加注重弘扬企业家精神，充分发挥企业家在创新发展中把握创新方向、凝聚创新人才、创造新组织等方面的重要作用；既要更加突出对培育新增长点、形成新动能具有关键作用的产业人才和高技能人才的培养，又要更加注重培养集聚具有发展潜力后劲和未来竞争优势的青年人才。积极引进和用好海外人才，加大人才国际交流力度，加快培育参与和引领国际人才合作竞争新优势，提升我国人才国际化水平。健全人才引进和激励机制，营造良好的用人环境，形成创新型人才集聚效应。人才越聚集，就越容易将现代产业的科研成就和经济效能激发出来，对人才的吸引力就会越强，从而形成“人才集聚—产业发展—人才驱动”的良性循环和具有高度创新优势的产业集群。美国的硅谷、128 号公路，日本的筑波，印度的班加罗尔和我国的中关村等著名产业集群，都是这种人才集聚裂变效应的生动反映。因此，一个国家的创新优势最终取决于创新人才的集聚优势。

三、引领驱动科技自立自强的战略人才力量

近些年来，我国实施创新驱动发展战略取得积极成效，已成为世界第二大研发经费投入国，创新指数世界排名不断上升，在诸多高技术领域取得一批重大创新成果。但总的来看，我国创新能力仍不适应高质量发展要求，基础研究短板突出，原创技术和战略高技术供给不足，高端芯片、工业软件等关键核心技术受制于人的局面尚未得到根本改变，创新能力和人力资本不足成为我国高质量发展的瓶颈。实现高质量发展、助推中华民族伟大复兴，必须不断增强自主创新能力，依靠科技创新和人力资本投资加快实现高水平科技自立自强。

习近平总书记指出："世上一切事物中人是最可宝贵的，一切创新成果都是人做出来的。硬实力、软实力，归根到底要靠人才实力。全部科技史都证明，谁拥有了一流创新人才、拥有了一流科学家，谁就能在科技创新中占据优势。"① 作为最活跃、最能动、最具创造力的生产要素，人才是创新的根基，创新驱动实质上是人才驱动。要实现高质量发展和高水平科技自立自强，归根结底要靠高水平创新人才。相对于"六支人

① 习近平：《努力成为世界主要科学中心和创新高地》，《求是》2021年第6期。

才队伍”（党政人才、企业经营管理人才、专业技术人才、高技能人才、农村实用人才、社会工作人才），2021 年中央人才工作会议首次提出“战略人才力量”的新理念，习近平总书记在会上指出：“战略人才站在国际科技前沿、引领科技自主创新、承担国家战略科技任务，是支撑我国高水平科技自立自强的重要力量，要把建设战略人才力量作为重中之重来抓。”[①] 党的二十大报告再次对加快建设国家战略人才力量作出重要部署，提出努力培养造就更多大师、战略科学家、一流科技领军人才和创新团队、青年科技人才、卓越工程师、大国工匠、高技能人才的目标要求。这是从当前我国高水平创新人才仍然不足尤其是科技领军人才匮乏的现实出发，强调必须加快建设科技创新主力军队伍，集聚顶尖科学家，在关键核心技术领域拥有一大批战略科技人才、一流科技领军人才和创新团队。提出以国家战略需求为导向的人才体系化队伍建设布局，是人才工作的重大创新，也是健全新型举国体制，强化国家战略科技力量的有效措施。

当今世界，新一轮科技革命和产业变革正在重构全球创新版图、重塑全球经济结构。大数据、物联网、人工智能、生物科技、量子信息等新技术新产业风起云涌，全球科技创新正在进入多点突破、群体迸发的新阶段，颠覆性技术不断涌现，催生新技术、新产业、新业态、新模式。全球制造业在经历机械化、自动化、信息化三次革命后，正在进入智能化时代，产生的影响是第一次工业革命的 3000 倍。据预测，在未来，92% 的工作需要数字技能，45% 的工作需要利用数字系统来完成。

① 习近平：《深入实施新时代人才强国战略　加快建设世界重要人才中心和创新高地》，《求是》2021 年第 24 期。

人工智能正成为新一轮世界产业变革的核心驱动力，在移动互联网、大数据、超级计算、传感网、脑科学等新理论新技术驱动下，人工智能呈现深度学习、跨界融合、人机协同、群智开放、自主操控等新特征，正在对经济发展、社会进步、全球治理等方面产生重大而深远的影响。在这样的大背景下，无论是发达国家还是发展中国家都在科技创新方面寻求突破，不断解放和发展社会生产力，提高全要素生产率，创新驱动发展已成为各国实现持续繁荣发展的必由之路。

只有吸引、集聚世界一流的创新人才，才能赢得国际竞争的主动权、拥有创新驱动发展优势。科技创新关键在人才，人才是世界各国竞相争夺的战略性资源。近几年来，世界各国相继实施各具优势的人才战略，抢占未来科技创新和产业革命的战略制高点。2022 年 1 月，美国拜登政府推出关于 STEM 人才移民的最新政策，即科学（Science）、技术（Technology）、工程（Engineer）、数学（Mathematics）专业优秀人才通过国家利益豁免人才计划，不需要雇主就可以直接申请绿卡，目的是把全球战略高科技人才吸引到美国。这是近年来美国移民政策最大力度的改革。除了传统观念上的生物、化学、计算机外，新政策增加 22 个 STEM 专业，覆盖金融科学、社会科学、商业分析、环境科学等，大大扩充 STEM 专业的范围。同时，这些专业留学生的实习期和就业期限，从 12 个月延长到 36 个月。英国 2011 年推出“杰出人才签证”，2018 年由签发 1000 名增加为 2000 名；2020 年设立“人才办公室”，在全球范围内无限制招揽人才。2020 年 3 月，德国《技术移民法》生效，为海外青年学者提供 1 万个教育、科技领域高级职位。2023 年 2 月，日本政府出台吸引高端外国专业人才的新政策，年收入在 2000 万日元（约合 102 万元人民币）以上的外国技术人员在日本逗留 1 年即可申请永久居住权。

综上所述，我国只有加快实施人才强国战略，聚天下英才而用之，才能在新一轮激烈的全球性创新竞争中争取主动、赢得先机、获得优势。同时，新一轮科技革命和产业变革，为我国加快建设社会主义现代化强国、实现弯道超车乃至换道超车，提供了千载难逢的历史机遇。习近平总书记强调："我们迎来了世界新一轮科技革命和产业变革同我国转变发展方式的历史性交汇期，既面临着千载难逢的历史机遇，又面临着差距拉大的严峻挑战。"[①] 我们必须牢牢把握这个战略机遇期，加快实施人才强国战略，牢固确立人才引领发展的战略地位，加快建设国家战略人才力量，强化国家战略科技力量，优化配置创新资源，使我国在主要科技领域成为全球领跑者，在新兴前沿交叉领域成为开拓者，加快建设世界重要科学中心和创新高地。

① 习近平：《努力成为世界主要科学中心和创新高地》，《求是》2021 年第 6 期。

四、形成聚天下英才而用之的国际竞争比较优势

日益激烈的全球人才竞争环境，要求我国从根本上提升在全球人才竞争中的比较优势。党的二十大报告指出，要“实施更加积极、更加开放、更加有效的人才政策，引导广大人才爱党报国、敬业奉献、服务人民。完善人才战略布局，坚持各方面人才一起抓，建设规模宏大、结构合理、素质优良的人才队伍。加快建设世界重要人才中心和创新高地，促进人才区域合理布局和协调发展，着力形成人才国际竞争的比较优势”。这不仅符合全球人才流动图景与趋势，也是我国在全球人才竞争中赢得主动、实现从“人口红利”向“人才红利”转变、促进经济社会创新发展的关键。

当前，世界百年未有之大变局加速演进，世界经济中心正在从北大西洋转到太平洋，世界政治格局出现非西方化与多极化并存，全球化进程的主要推动力量面临重组，新一轮科技革命和产业变革不断孕育颠覆性的技术，新兴国家正在成为全球治理的重要角色。在这个大变局中，最大的不确定因素是中美之间的战略竞争，而竞争的核心是科技创新与人才。全球人才竞争从原来基于规则的“君子之争”“理性竞争”“有合作也有竞争”，急剧转向脱开规则共识的全方位、全流程、全

面竞争，越来越将竞争定义于遏制他国发展，越来越将竞争界定在全面的“防、打、压”的范畴。对美国而言，当下的人才竞争不再限于实现自身发展、取得竞争优势，更为重要的是有效遏制中国发展，不仅以各种手段打压限制中国发展所需要的人才，而且要切断中国对外开放、合作交流的“才”路。我国面临着全球人才竞争性质日益恶化的严峻挑战。

美国系统性遏制中国发展的主要手段，是切断从美国到中国的人力资本与技术传递。美国拜登政府国家安全事务助理沙利文说过，在与中国的经济竞争中，最具决定性的因素是自身的实力。为此，美国必须大幅增加基础科学研究的资金，投资于清洁能源、生物技术、人工智能等领域，并扩大对各级教育和基础设施的投资，继续采取移民政策，继续提高美国的人口和技能优势，提高美国人才的实力和素质。正因如此，我们只有加快实施人才强国战略，构建聚天下英才而用之的制度体系，优化开放创新生态，提高在全球配置一流创新人才的能力，才能赢得主动、占据优势。

随着全球发展水平的提升，各国人才需求规模扩大、质量提高，逆全球化浪潮下“脱钩”风险剧增。此外，全球疫情打断人才供应链，使各国出现新的人才冗余需求。与之相对的是，全球人口老龄化加剧、新生代人才供给规模没有提升，全球人才供给趋紧。在全球范围内，人才需求与人才供给之间存在长期、普遍的失衡。全球人才流动呈现虚实结合、长短结合的趋势，并集中向大城市、中心城市流动。人才实体流动表现为知识越多、层次越高、稀缺性越大的人才流动性越强，虚拟流动表现为人才基于数字科技发展在网络流动。全球人才流动从长期看，流向发达国家的人数仍不断上升。由于身在全球中心城市的人才生产力更高，越来越多的人才向发达国家汇聚，这强化了全球人才核心节点的作用。

日益激烈的人才竞争，要求我们更加冷静，充分认识到人才竞争的必然性，即全球力量格局发展到一定阶段的必然结果；要求我们更加具有韧性，摆脱不切实际的幻想，对人才竞争要有全面、系统、客观的认识；要求我们更加理性，对己与对人、对时与对势、对合作与对竞争，有充分认识和估计，以理性地谋求发展之策、应对之举；要求我们更加自信，坚持基于历史形成的、人民选择的道路，立足自身发展的需求，遵循自身发展的内在逻辑，按照自己发展的节奏，谋求新的变局下的人才发展战略，实现历史、时代、世界赋予的使命。

2023 年 2 月，习近平总书记在中共中央政治局第三次集体学习时强调，人类要破解共同发展难题，比以往任何时候都更需要国际合作和开放共享。要构筑国际基础研究合作平台，设立面向全球的科学研究基金，加大国家科技计划对外开放力度，围绕气候变化、能源安全、生物安全、外层空间利用等全球问题，拓展和深化中外联合科研。要前瞻谋划和深度参与全球科技治理，参加或发起设立国际科技组织，支持国内高校、科研院所、科技组织同国际对接。要努力增进国际科技界开放、信任、合作，以更多重大原始创新和关键核心技术突破为人类文明进步作出新的更大贡献，并有效维护我国的科技安全利益。这就要求我们必须站在中国的视角来看世界，同时站在世界的坐标来看中国，构建开放的理念、开放的心态、开放的视野。实现从对货物的开放到对人尤其是人才的开放的超越，实现从为我所用的开放向“互利共赢、互联互通”的开放的跨越，并结合“一带一路”建设、区域全面经济伙伴关系协定的发展，为外国资本、技术、人才提供市场，提供增值发展的中国机会，最终实现从“集聚全球人才”向“发展全球人才”的战略转变。

把握世界人才流动和全球创新发展趋势，加快谋划面向 2035 年全球人才开放战略。加强海外人才数据信息收集、整合、分析，运用大数据构建战略领域、重点领域人才发展网络，谋划人才深层次开放发展战略。一是进一步拓展“海外人才的战略”，实施更加开放、更加便利的政策，更大力度地吸引集聚海外人才、发展海外人才。二是进一步拓展“人才的海外战略”，着眼于“走出去”，强化海外网络拓展，采取灵活的吸引集聚手段、方式和政策。例如，建立海外人才经费保障机制，强化多元措施保障，建立政府、市场、社会相结合的海外人才经费筹措机制，加大对海外人才寻访、重点人才引进、海外网络布局等经费支持，加大对支持吸引集聚、服务海外人才机构的资金支持。三是进一步拓展“海外的人才战略”，吸收借鉴发达国家海外引才战略，适应国际形势新变化，以新型的人才战略为人才引进提供政策支持、技术支持和安全支持。

五、坚持党对人才工作全面领导的重大使命

制度优势是一个政党、一个国家的最大优势。坚持党管人才是建设人才强国的最大制度优势和根本制度保证，党管人才制度优势是社会主义制度优势在人才工作中的集中体现。党管人才在构建具有全球竞争力的人才制度体系中处于核心地位，发挥关键作用，是我国人才制度的核心竞争力。只有坚持党对人才工作的全面领导，才能有效协调党和国家事业各领域重大关系，确保大政方针的稳定性和持续性，更好发挥我国社会主义制度和国家治理体系各方面优势，加快实施新时代人才强国战略。

坚持党对人才工作的全面领导，是我们党深化人才工作规律性认识的最新理论成果，是我们党快速壮大人才队伍，持续增强人才效能，将人才优势转化为发展优势、科技优势、创新优势的重要经验。人才资源开发和人才队伍建设是一项复杂的系统工程，涉及方方面面，只有坚持党管人才原则，充分发挥党的思想政治优势、组织优势和密切联系群众优势，才能推动形成建设人才强国的核心竞争力。

党的十八大以来，以习近平同志为核心的党中央高度重视人才工作，大力谋划人才事业布局，大刀阔斧推进人才发展体制机制改革，聚天下英才而用之，推动人才工作取得历史性成就、发生历史性变革。探

寻人才汇聚背后的“密码”，正是党管人才制度优势在国际人才竞争中的充分彰显。

（一）强大的思想感召力形成人才竞争的文化优势

强大的思想感召力，是我们党思想政治工作的重要成果，也是我们党能够取得一系列重大成就的强大推动力。习近平总书记指出：“我们党在不同历史时期，总是根据人民意愿和事业发展需要，提出富有感召力的奋斗目标，团结带领人民为之奋斗。”[①] 作为拥有 490 多万个基层党组织、9600 多万名党员的世界第一大党，中国共产党在革命、建设、改革的伟大实践中，始终把真理的力量、理想的力量和信仰的力量不断转化为人格的力量，进而使马克思主义的真理力量展现出强大的生命力和鲜活的感染力。

人才工作根本上是做“人”的工作，核心要义是通过思想的感召力让国内外人才“近悦远来”、为我所用。无论美国、英国、法国等传统西方大国，还是新加坡、韩国等在经济、科技上实现赶超的后发国家，都没有哪个执政党像中国共产党这样，不仅专门将人才是第一资源，实施人才强国战略作为一项基本的治国方略写入党的章程，将识才爱才敬才用才的理念融汇到执政纲领之中，而且将人才发展列入经济社会发展规划、纳入领导干部工作考核，使之成为全社会齐抓共管的一项共同事业。

① 习近平：《紧紧围绕坚持和发展中国特色社会主义　学习宣传贯彻党的十八大精神》，《人民日报》2012 年 11 月 19 日第 2 版。

（二）敏锐的改革创新力形成人才竞争的创新优势

我们党是一个善于创新而又不断创新的马克思主义政党，不断创新使我们党的生机活力不断增强。以习近平同志为核心的党中央继续做好建设中国特色社会主义这篇大文章，正是从勇于刀刃向内、进行自我革命破题立意的，在人才工作领域同样如此。面对影响人才集聚和作用发挥的体制机制性难题，党中央举旗定向、掌舵领航，坚决向顽瘴痼疾开刀，大力扫除壁垒性障碍，不断推进科研成果转化激励、事业单位管理体制改革、人才评价破除“四唯”、打通体制内外人才顺畅流动通道、“卡脖子”领域攻关“揭榜挂帅”等重大改革，一道道关卡被打通、一条条锁链被解除，人才创新创造活力竞相迸发，我国在全球科技创新版图中的位势节节攀升，不断缩小与西方发达国家的差距。

面对世界百年未有之大变局，必须加快推进党管人才制度创新。针对当前体制机制存在的突出问题，研究对策，推进改革，把规律性认识上升为制度化设计，把制度化设计转化为改革性举措，把改革性举措落实为制度性规范，把制度性规范规制成社会化行为，充分释放党管人才的体制机制优势和组织潜能，形成构建具有全球竞争力的人才制度体系的核心驱动力，为加快实施新时代人才强国战略、建设世界一流人才强国提供坚强保证。

（三）高效的组织保障力形成人才竞争的政治优势

强大的组织体系和快速动员能力，是我们党能够发挥新型举国体制优势、做好重大工作组织保障的关键。从革命年代组织发动群众保证重大战役的胜利，到新中国成立后举全国之力攻克“两弹一星”技术难关，再到新时代党中央聚智聚力打赢脱贫攻坚战，无不体现我们党高效的组织保障力。近年来，在党中央坚强领导下，围绕科技自立自强、人才强国建设需要，各地各部门将优势资源和支持政策向重大攻关领域倾斜，一批批优秀人才“听党话、跟党走”，汇聚成浩浩荡荡的科技攻关大军，在全球展现创新活力迸发、创新源泉涌流的生动局面。

面对全面建成社会主义现代化强国的艰巨任务和激烈的国际竞争，实现科技自立自强、建成人才强国的战略目标，突破美国对我国的科技封锁和人才打压，更需要充分发挥新型举国体制优势。重大科技攻关是一项系统复杂的工程，开展“卡脖子”技术攻关、打造面向未来的大科学装置，不仅需要科研人员潜心研究、集智攻关，而且需要集中政策、资金和人力，打造国家实验室、国家重点实验室、一流高等院校等大批战略科技力量，形成科技攻关的强大合力。高效的组织保障力是构建具有全球竞争力的人才制度体系的核心要素，是我国人才制度不可复制的最大政治优势。

第二章

建设人才强国的历史进程与历史性成就

2021 年 9 月，习近平总书记在中央人才工作会议上对党的十八大以来的人才发展事业给予高度评价，作出了新时代人才工作取得历史性成就、发生历史性变革的科学判断，概括了人才事业发展“八个坚持”的规律性认识，并提出我国人才工作站在一个新的历史起点上的战略定位。这是习近平总书记对新时代人才发展事业的全面系统总结和理论创新，也是深入实施新时代人才强国战略的遵循。深入实施新时代人才强国战略，有必要从我国建设人才强国的历史背景和历史进程展开，对实施人才强国战略的提出，对实施人才强国战略取得的历史性成就、发生的历史性变革进行全面回顾。

一、实施人才强国战略的提出

进入 21 世纪，国际金融危机深刻影响和改变着国际经济政治格局，世界范围内知识创新和技术创新进程不断加快，世界各国在经济实力、科技实力、国防实力、文化实力等各方面展开激烈竞争。随着我国经济体制改革的深化和社会主义市场经济的发展，我国经济实力显著增强，但生产力水平总体上还不高，自主创新能力还不强，长期形成的结构性矛盾和粗放型增长方式尚未根本改变。

面对严峻的国际国内形势，顺应时代发展要求，2000 年 10 月，党的十五届五中全会通过《中共中央关于制定国民经济和社会发展第十个五年计划的建议》，正式决定把人才资源开发摆到国家战略位置，把培养、吸引和用好人才作为一项重大战略任务切实抓好，解决中国人才资源开发与转变经济增长方式、推动科技创新的要求越来越不相适应的矛盾。2002 年 5 月，中共中央办公厅、国务院办公厅印发《2002—2005 年全国人才队伍建设规划纲要》（以下简称《纲要》），这是我国第一个综合性的人才队伍建设规划。《纲要》进一步明确实施人才强国战略，提出在“十五”期间实施人才强国战略的基本思路和宏观布局。

2003 年 5 月，中共中央政治局召开专门会议研究人才工作，决定成立中央人才工作协调小组，作为贯彻和落实党管人才原则的重要议事机构，履行人才工作的战略规划、政策研究、宏观指导和工作协调职责。同年 12 月，中央召开第一次全国人才工作会议，作出进一步加强人才工作的决定，全面部署实施人才强国战略。胡锦涛在这次会议上指出：实施人才强国战略，是抓住和用好重要战略机遇期、应对日益激烈的国际竞争的必然要求，是全面建设小康社会、开创中国特色社会主义事业新局面的必然要求，是增强党的执政能力、巩固党的执政地位的必然要求。会后，下发《中共中央国务院关于进一步加强人才工作的决定》（以下简称《决定》），总结了近年来我国人才工作的实践成果，指出了我国人才工作中还存在的不少亟待解决的问题，具体表现在：人才的总量、结构和素质还不能适应经济社会发展的需要，特别是现代化建设急需的高层次、高技能和复合型人才短缺；市场配置人才资源的基础性作用发挥不够，人才流动的体制性障碍尚未消除，人尽其才的用人机制有待完善。

《决定》提出“新世纪新阶段人才工作的根本任务是实施人才强国战略”，阐述了实施人才强国战略的指导思想、基本要求和重点任务；要求建设规模宏大、结构合理、素质较高的人才队伍，把我国由人口大国转化为人才资源强国。《决定》对实施人才强国战略提出一系列新理念和新举措：坚持以人为本；把促进发展作为人才工作的根本出发点；树立科学的人才观，坚持德才兼备原则，把品德、知识、能力和业绩作为衡量人才的主要标准，不唯学历，不唯职称，不唯资历，不唯身份，不拘一格选人才；建立和完善人才市场机制，强调推进政府部门所属人才服务机构的体制改革，实现管办分离、政事分开，消除人才市场发展的体制性障碍，使现有各类人才和劳动力市场实现联网贯通；以鼓励劳动和创造为根本目的，加大对人才的有效激励和保障。

在实施人才强国战略的重点任务上，《决定》提出加强高层次人才队伍建设，主要包括忠于党的领导、善于治党治国治军的政治家，熟悉国际国内市场、具有国际先进水平的优秀企业家，具有世界前沿水平的各领域高级专家。在人才发展结构调整上，提出坚持人才资源开发与经济社会发展相协调，加快人才结构调整，优化人才资源配置，促进人才合理分布，发挥人才队伍的整体功能。

《决定》强调坚持党总揽全局、协调各方的原则，充分发挥党的思想政治优势、组织优势和密切联系群众的优势，发挥党委领导核心作用，形成党委统一领导，组织部门牵头抓总，有关部门各司其职、密切配合，社会力量广泛参与的人才工作新格局。其中，提出的党管人才主要是管宏观、管政策、管协调、管服务，为党管人才原则落地指明了实践路径。至此，党管人才原则正式确立并载入党的文件，构建党管人才工作新格局成为实施人才强国战略的重要保证。

2007 年 10 月，实施人才强国战略正式写入党的十七大报告和党章，全面提升了人才强国战略在党和国家战略布局中的地位，进一步凸显了人才对党和国家事业发展的重要作用。

二、第一个中长期人才发展规划的制定与实施

2010 年 5 月 25 日至 26 日，第二次全国人才工作会议在北京举行，此次全国人才工作会议是在我国全面建设小康社会进入关键时期、人才发展面临战略机遇期召开的一次重要会议。会议充分体现了党中央对加快建设人才强国的战略思考，体现了对做好新形势下人才工作的高度重视。胡锦涛在这次会议上进一步阐明了新形势下做好人才工作的重大意义：切实做好人才工作，加快建设人才强国，是推动经济社会又好又快发展、实现全面建设小康社会奋斗目标的重要保证，是确立我国人才竞争比较优势、增强国家核心竞争力的战略选择，是坚持以人为本、促进人的全面发展的重要途径，是提高党的执政能力、保持和发展党的先进性的重要支撑。

会后，中共中央、国务院颁布《国家中长期人才发展规划纲要（2010—2020 年）》（以下简称《纲要》），这是我国第一个中长期人才发展规划，对于加快我国经济发展方式转变、实现全面建设小康社会奋斗目标具有重大意义。《纲要》思想性强，结构完整，内容丰富，体现了前瞻性、战略性、实用性。《纲要》主要强调了以下问题。

第一，确立人才发展的指导方针。《纲要》提出“服务发展、人才

优先、以用为本、创新机制、高端引领、整体开发”的 24 字人才发展指导方针，其核心是“人才优先”。人才优先，就是要充分发挥人才的基础性、战略性作用，做到人才资源优先开发，人才结构优先调整，人才投资优先保证，人才制度优先创新。

第二，明确人才发展的战略目标。《纲要》提出，到 2020 年，我国人才发展的总体目标是：培养和造就规模宏大、结构优化、布局合理、素质优良的人才队伍，确立国家人才竞争比较优势，进入世界人才强国行列，为在本世纪中叶基本实现社会主义现代化奠定人才基础。《纲要》还提出四个方面的具体目标：一是人才资源总量稳步增长，队伍规模不断壮大；二是人才素质大幅度提高，结构进一步优化；三是人才竞争比较优势明显增强，竞争力不断提升；四是人才使用效能明显提高。

第三，提出人才队伍建设的主要任务。根据“高端引领，整体开发”的要求，《纲要》突出了人才队伍建设的三方面主要内容：一是围绕提高自主创新能力、建设创新型国家，突出培养造就创新型科技人才尤其是高层次创新型科技人才；二是服务于经济社会发展重大战略，大力开发国民经济和社会发展重点领域急需紧缺专门人才；三是坚持以高层次人才和高技能人才为重点，统筹推进各类人才队伍建设。

第四，创新人才发展的制度和政策。一是改进完善人才工作管理体制，包括完善党管人才的领导体制、改进人才管理方式、加强人才工作法制建设；二是创新人才工作机制，包括人才培养开发机制、人才评价发现机制、人才选拔任用机制、人才流动配置机制、人才激励保障机制；三是改革创新人才重大政策，提出实施促进人才投资优先保证的财税金融政策等 10 项政策。

第五，实施一批重大人才工程。为推进人才发展各项任务的落实，《纲要》按照目标明确、内容明确、责任明确的要求，共设计了 12 项具有引领性、创新性、示范性的重大人才工程，既服务于国家经济社会发展重大战略，又体现人才队伍建设的重点任务，是加快人才发展的重要抓手。这些工程都由国家层面组织实施，以此带动人才工作发展和人才队伍整体建设。

第六，对《纲要》的组织实施提出要求。一是加强对《纲要》实施工作的组织领导，二是建立健全人才发展规划体系，三是营造实施《纲要》的良好社会环境，四是加强人才工作的基础性建设。

这次全国人才工作会议，是我国社会主义现代化建设在新的起点上向前迈进、人才工作面临新形势新任务的大背景下召开的一次重要会议。会议要求各地区各部门统一思想、提高认识，紧紧围绕建设人才强国这个战略目标，努力使人才工作各项措施真正落到实处；深刻认识、自觉遵循人才成长规律，注重把握客观性，避免片面性，切实提高人才工作科学化水平；坚持重在使用，用当适任、用当其时、用当尽才，充分发挥各类人才的作用；营造尊重人才、见贤思齐的社会环境，鼓励创新、容许失误的工作环境，待遇适当、无后顾之忧的生活环境，公开平等、竞争择优的制度环境，促使优秀人才脱颖而出；坚持和完善党管人才原则，切实改进党管人才方法，真正做到解放人才、发展人才、用好用活人才。

三、新时代实施人才强国战略与中央人才工作会议

面对新一轮科技革命和产业变革孕育兴起的新机遇、我国经济发展由要素驱动为主向创新驱动为主转变的新形势，党的十八大作出加快确立人才优先发展战略布局的重大决策，“十三五”规划纲要对人才优先发展战略目标、改革举措和实现路径提出明确要求，绘就了人才优先发展宏伟蓝图。2016 年 3 月，中共中央印发《关于深化人才发展体制机制改革的意见》(以下简称《意见》)，首次提出“构建科学规范、开放包容、运行高效的人才发展治理体系”的目标。《意见》为各类人才的创造活力竞相迸发、聪明才智充分涌流，创造了良好的制度保障。

2017 年 10 月，习近平总书记在党的十九大报告中进一步提升了人才资源的战略定位，指出：“人才是实现民族振兴、赢得国际竞争主动的战略资源。要坚持党管人才原则，聚天下英才而用之，加快建设人才强国。实行更加积极、更加开放、更加有效的人才政策，以识才的慧眼、爱才的诚意、用才的胆识、容才的雅量、聚才的良方，把党内和党外、国内和国外各方面优秀人才集聚到党和人民的伟大奋斗中来”。十九大报告把人才强国战略作为重要的发展战略列入全面建成小康社会的七

大战略之中，充分表明了人才强国战略在全面建成小康社会雄伟目标中的重要地位和作用。报告把建设创新型国家作为贯彻新发展理念、建设现代化经济体系的重要内容，突出强调了人才在加快建设创新型国家中的特殊地位和作用，提出："加强国家创新体系建设，强化战略科技力量。深化科技体制改革，建立以企业为主体、产学研深度融合的技术创新体系，加强对中小企业创新的支持，促进科技成果转化。倡导创新文化，强化知识产权创造、保护、运用。培养造就一大批具有国际水平的战略科技人才、科技领军人才、青年科技人才和高水平创新团队。"

2020 年 10 月，党的十九届五中全会审议通过《中共中央关于制定国民经济和社会发展第十四个五年规划和二〇三五年远景目标的建议》，明确将"建成人才强国"确立为 2035 年远景目标。指出：激发人才创新活力。贯彻尊重劳动、尊重知识、尊重人才、尊重创造方针，深化人才发展体制机制改革，全方位培养、引进、用好人才，造就更多国际一流的科技领军人才和创新团队，培养具有国际竞争力的青年科技人才后备军。健全以创新能力、质量、实效、贡献为导向的科技人才评价体系。加强学风建设，坚守学术诚信。深化院士制度改革。健全创新激励和保障机制，构建充分体现知识、技术等创新要素价值的收益分配机制，完善科研人员职务发明成果权益分享机制。加强创新型、应用型、技能型人才培养，实施知识更新工程、技能提升行动，壮大高水平工程师和高技能人才队伍。支持发展高水平研究型大学，加强基础研究人才培养。实行更加开放的人才政策，构筑集聚国内外优秀人才的科研创新高地。

2021 年，在我国开启全面建设社会主义现代化国家新征程，进入高质量发展新阶段的起步之年，中央人才工作会议在京召开，中央人才工作领导小组成立。习近平总书记在会上发表重要讲话，全面擘画了新时代人才工作蓝图，明确提出要“深入实施新时代人才强国战略”。习近平总书记指出，党的十八大以来，党中央深刻回答了为什么建设人才强国、什么是人才强国、怎样建设人才强国的重大理论和实践问题，提出了一系列新理念新战略新举措。习近平总书记强调，加快建设世界重要人才中心和创新高地，必须把握战略主动，做好顶层设计和战略谋划。我们的目标是：到2025年，全社会研发经费投入大幅增长，科技创新主力军队伍建设取得重要进展，顶尖科学家集聚水平明显提高，人才自主培养能力不断增强，在关键核心技术领域拥有一大批战略科技人才、一流科技领军人才和创新团队；到2030年，适应高质量发展的人才制度体系基本形成，创新人才自主培养能力显著提升，对世界优秀人才的吸引力明显增强，在主要科技领域有一批领跑者，在新兴前沿交叉领域有一批开拓者；到2035年，形成我国在诸多领域人才竞争比较优势，国家战略科技力量和高水平人才队伍位居世界前列。

2022年4月29日，中共中央政治局召开会议，审议《国家“十四五”期间人才发展规划》（以下简称《规划》）。会议指出，编制《规划》是党中央部署的一项重要工作，是落实中央人才工作会议精神的具体举措，也是国家“十四五”规划的一项重要专项规划。要全面加强党对人才工作的领导，牢固确立人才引领发展的战略地位，全方位培养、引进、用好人才。

四、新时代人才工作取得的历史性成就

党的十八大以来，以习近平同志为核心的党中央统揽伟大斗争、伟大工程、伟大事业、伟大梦想，作出人才是实现民族振兴、赢得国际竞争主动的战略资源的重大判断。全党全社会紧紧围绕建成人才强国战略目标，深入实施人才强国战略，全方位培养、引进、用好人才，深化人才发展体制机制改革，推动新时代人才事业发展取得历史性成就、发生历史性变革。

（一）党对人才工作的领导全面加强

坚持党对人才工作的全面领导，是党深化对我国人才事业发展规律性认识的首要内容，从 2003 年 5 月中共中央政治局会议明确提出坚持党管人才原则开始，到 2021 年中央人才工作会议确立党对人才工作的全面领导体制，我们坚持党总揽全局、协调各方的原则，充分发挥党的思想政治优势、组织优势和密切联系群众优势，发挥党委领导核心作用，走出了一条具有中国特色的人才发展道路。

党的十八大以来，各地区各部门党委（党组）坚持党对人才工作

的全面领导，进一步强化“人才是第一资源”“致天下之治者在人才”等理念，普遍成立人才工作领导小组，把人才工作列为“一号课题”进行专题研究，注重在经济转型、产业升级、创新发展等方面下好人才“先手棋”；各级领导干部的人才意识更加强烈，“一把手”抓“第一资源”逐步常态化、制度化，人才引领发展的战略地位成为全党全社会普遍共识。2021 年 9 月召开的中央人才工作会议，成立中央人才工作领导小组，标志着党对人才工作实施全面领导的体制性变化以及领导方式的进一步完善。中央人才工作领导小组的成立，有利于改变目前集中不够、决策分散、执行不力的部门分割状态，也有利于统筹解决区域和地方人才工作不平衡、不充分的矛盾，还有利于加强对国家人才安全工作和防范风险的治理工作。改进党管人才领导体制，重点是建立党委主要负责同志亲自抓，分管负责同志明确责任具体抓，组织人事部门履行抓战略、抓政策、抓项目、抓协调、抓保障、抓服务、抓安全的职责，各有关部门抓好人才工作重大政策落实、重要工作推进、重点人才服务的职责体系。加强人才工作领导机构，配强人才工作力量，把思想解放、业务精通、求贤若渴、有奉献精神的同志充实到人才工作队伍中来。

党的十八大以来，在习近平总书记关于做好新时代人才工作的重要思想的指导下，党管人才的科学内涵得到进一步丰富，党管人才的体制机制及方式方法也有了较大程度的改革创新。2016 年，中共中央印发《关于深化人才发展体制机制改革的意见》，首次提出“构建科学规范、开放包容、运行高效的人才发展治理体系”的目标，为各类人才的创造活力竞相迸发、聪明才智充分涌流，创造了良好的制度保障。

一是建立党委联系专家制度。2017 年，中共中央办公厅印发《关于进一步加强党委联系服务专家工作的意见》，强调深入学习贯彻习近平总书记系列重要讲话特别是关于人才工作的重要指示精神，坚持党管人才原则，最大限度地把各方面人才凝聚到党和国家事业中来。二是建立人才工作专项述职制度。人才工作专项述职制度是把人才工作纳入工作实绩考核，补齐人才工作的短板，切实发挥人才在经济社会发展中的智力支撑作用。参加述职的负责人在与会前需要对基层人才工作情况进行深入调研，广泛听取意见并形成述职报告，查找不足，分析成因。以各单位述职报告为主召开评议会议，会后确定评议意见和等次。评议结果不佳的单位，由人才工作领导小组办公室加强重点督察指导，并对存在问题进行严肃整改。述职报告接受人才和群众的监督。三是强化对人才的政治引领和政治吸纳。通过强化人才政治引领和政治吸纳，建立并完善人才的“发现、培养、使用、管理”全链条工作体系和切实管用的工作机制，聚焦重点群体、重要节点和重点单位，吸引集聚一批各行业、各领域的优秀人才，推动人才梯队建设发展，让更多人才凝聚在党的周围，为新时代社会主义现代化建设服务。四是建立国情研修制度。高层次人才国情研修制度是人才引领高质量发展的现实需要，旨在确保高层次人才在政治立场、政治方向、政治原则、政治道路上同党中央保持高度一致，在重大斗争考验面前把握正确政治方向，不断提高政治判断力、政治领悟力、政治执行力，切实把学习成果转化为推动经济社会高质量发展的坚定信心和强大动力。

（二）人才队伍建设取得重大成就

习近平总书记在2021年中央人才工作会议上指出："我国已经拥有一支规模宏大、素质优良、结构不断优化、作用日益突出的人才队伍，我国人才工作站在一个新的历史起点上。"这是对新时代实施人才强国战略取得重大历史性成就的充分肯定。我国已经从一个世界人力资源大国迈向世界人才强国行列，开启了人人努力成才、人人皆可成才、人人尽展其才的新时代。

对于我国人才队伍建设取得的成就，可以从人才规模、素质、结构、投入和效能五个方面衡量进展情况，从历史发展和国际比较两个维度衡量总体发展水平和国际比较优势的定位。

1. 人力资源开发卓有成效，进入世界人力资源强国行列

人力资源是一个国家综合实力的重要组成部分，人力资源竞争力是一个国家竞争力的核心标志。早在2012年习近平总书记到广东考察工作时就指出："综合国力竞争归根到底是人才竞争。哪个国家拥有人才上的优势，哪个国家最后就会拥有实力上的优势。外国看中国的潜力所在，就是看这个。中国这么多人，教育上去了，将来人才就会像井喷一样涌现出来。这是最有竞争力的。"人力资源强国是人才强国的基础工程，建设人力资源强国是建设人才强国的重要战略举措。人力资源强国是中国特色的创新概念，是指人力资源总量丰富、开发充分、结构合理、效能发挥达到世界先进水平的国家，衡量标准包含人力资源数量、

质量、结构、开发能力及利用效率等方面。

2021 年第七次全国人口普查数据显示，我国人口受教育水平明显提高，人口素质不断提升。15 岁及以上人口的平均受教育年限从 2010 年的 9.08 年提高至 9.91 年。16—59 岁劳动年龄人口平均受教育年限从 2010 年的 9.67 年提高至 10.75 年，文盲率从 2010 年的 4.08% 下降为 2.67%。与 2010 年第六次全国人口普查相比，每 10 万人中拥有大学文化程度的由 8930 人上升为 15467 人[①]，增长规模和速度位居全球第一。

中国已建成世界最大规模的高等教育体系。全国接受高等教育的人口达到 2.4 亿，占我国人力资源总量的 27%，位居世界第一。高等教育毛入学率从 2012 年的 30% 提高至 2021 年的 57.8%，提高了 27.8 个百分点，实现了历史性跨越，高等教育进入世界公认的普及化发展阶段。[②]高校在学总人数超过 4430 万人，2012 年至 2020 年，本专科在校生规模增长率为 37.4%，在学硕士生增长率为 86.1%，在学博士生增长率为 64.6%。2020 年全国硕士研究生和博士研究生在学人数分别为 267.3 万人和 46.65 万人，相比 2012 年分别增加了 123.7 万人和 18.27 万人。[③]由此可知，我国劳动力素质结构发生重大变化，全民族素质得到稳步提高。

近几年来，中国人力资源竞争力进入“爆发式增长”时期。2021 年 5 月，中国教育学会和北京科技大学联合对全球人力资源竞争力水平

① 《我国人口素质不断提升——解读第七次全国人口普查数据》，《光明日报》2021 年 5 月 12 日第 10 版。

② 《我国接受高等教育人口达 2.4 亿》，《人民日报》2022 年 5 月 21 日第 1 版。

③ 陈凯华、郭锐、裴瑞敏：《我国科技人才政策十年发展与面向高水平科技自立自强的优化思路》，《中国科学院院刊》2022 年第 5 期。

进行了第六轮评估，形成了《2020 人力资源强国竞争力评估报告——进入人力资源强国行列》。报告指出，2000 年中国在国际人力资源竞争力排名中处于第 32 位，到 2020 年已经提升至第 11 位，提升 21 个位次，上升名次位列第一，与美国的人才竞争力差距逐步缩小。我国已经形成人力资源“低成本—高效益”的中国开发模式。人力资源开发贡献水平从 2000 年的全球第 26 位，到 2010 年上升至第 4 位，2018 年更是上升至第 1 位，成为全球人力资源开发进步最快的国家，为中国经济增长、社会发展和人民生活水平提高作出重要贡献。

教育能力和发展水平，是支撑人力资源开发的重要基础。教育部发布的 2020 年全国教育经费执行情况统计快报显示，中国教育经费从 2000 年的 2700 亿元，增长到 2020 年的 53014 亿元，增长了 18.63 倍，并且连续 8 年超过国民生产总值比例的 4%，使发展中国家教育经费占世界的比例明显提升。截至 2015 年，我国人力资本投资占国民生产总值的 16%，2020 年人力资本贡献率超过 35%。

2. 人才队伍迅速壮大，人才效能持续增强

全国人才资源总量已经从 2010 年的 1.2 亿人增长到 2019 年的 2.2 亿人，其中专业技术人才从 5550.4 万人增长到 7839.8 万人。[①] 我国研究与试验发展（以下简称 R&D）人力规模处于全球领先地位，2020 年 R&D 人员全时当量为 523.45 万人年，比 2012 年增加 198.77 万人年，年均增长率约 6.15%。R&D 人力投入强度也逐年增长，2020 年万名就

① 习近平：《深入实施新时代人才强国战略 加快建设世界重要人才中心和创新高地》，《求是》2021 年第 24 期。

业人员中 R&D 人员数已达 70 人年 / 万人，与西方发达国家的差距逐渐缩小。[①]2022 年全球“高被引科学家”名单显示，中国内地 2022 年全球“高被引科学家”人数达到 1169 人，占全球 16.2%，位居世界第二。

党的十八大以来，我国坚持聚天下英才而用之，大力实施海外高层次人才引进计划。各地区各部门结合实际积极实施引才计划，既为本地区本系统本领域集聚了一大批各类优秀人才，也带动形成了新中国成立以来最大规模的海外留学人才归国潮。根据教育部发布的 2019 年度出国留学人员情况统计，1978 年至 2019 年，各类出国留学人员累计达 656.06 万人，占全球留学生总数的 18%，其中 165.62 万人正在国外进行相关阶段的学习或研究；490.44 万人已完成学业，423.17 万人在完成学业后选择回国发展，占已完成学业群体的 86.28%。在主要留学人员派出国家中，中国留学生数量高居榜首。

全社会研发投入总量从 2012 年的 1.03 万亿元增长到 2021 年的 2.79 万亿元，占国内生产总值的比重由 2012 年的 1.91% 提升到 2.44%。[②]2021 年发明专利授权量 69.6 万件，每万人口高价值发明专利拥有量达到 7.5 件；国际专利申请达 6.95 万件，连续三年居全球首位。[③]每万名企业研究人员拥有专利合作条约（PCT）专利申请数从 2012 年的 40.32 件，提高至 2020 年的 91.04 件。[④]

我国基础前沿领域不断取得重大原创成果，战略高技术不断取得

① 陈凯华、郭锐、裴瑞敏：《我国科技人才政策十年发展与面向高水平科技自立自强的优化思路》，《中国科学院院刊》2022 年第 5 期。

② 《我国成功进入创新型国家行列》，《人民日报》2022 年 6 月 7 日第 2 版。

③ 《知识产权，为高质量发展添动力》，《人民日报》2022 年 4 月 25 日第 8 版。

④ 陈凯华、郭锐、裴瑞敏：《我国科技人才政策十年发展与面向高水平科技自立自强的优化思路》，《中国科学院院刊》2022 年第 5 期。

新进展。2019 年，我国每万名研究人员论文数为 1181 篇，相比 2012 年增加了 326 篇。[①]我国科学家在基础研究领域如拓扑量子计算、磁约束核聚变大科学装置、散裂中子源等，以及战略高新技术领域如嫦娥四号探测器、北斗三号全球卫星导航系统、地壳一号万米钻机、天鲲号绞吸船等均取得重要突破。

科技进步贡献率从 2012 年的 52.2% 提升到 2021 年的 60% 以上。世界知识产权组织发布的全球创新指数显示，我国排名从 2012 年的第 34 位快速上升到 2022 年的第 11 位。欧洲工商管理学院（INSEAD）和美国波图兰研究所（Portulans Institute）联合发布的《2021 年全球人才竞争力指数》报告显示，我国全球人才竞争力指数从 2013 年的第 47 位上升至 2021 年的第 37 位，中国首次跻身前 40 位，稳居全球人才竞争优势国家方阵。

我国从一个技能人才短缺国家，一跃成为高技能人才大国，工匠人才辈出。全国技能人才总量从 2011 年的 1.19 亿人到 2021 年已经超过 2 亿人，其中高技能人才超过 6000 万人，比 2012 年翻了一倍，技能人才占就业人员总量的比例为 26%，高技能人才占技能人才的比例达到 30%。[②]提升企业自主创新能力和国家核心竞争力，需要依托技术型人才尤其是高级技术人才。改革开放以来，国家围绕技术工人培养、使用、评价、激励和保障等环节精准施策，增强技术工人的职业荣誉感、自豪感和获得感，激发工人的积极性、主动性和创造性。中国于 2010

① 陈凯华、郭锐、裴瑞敏：《我国科技人才政策十年发展与面向高水平科技自立自强的优化思路》，《中国科学院院刊》2022 年第 5 期。

② 《完善培养体系、强化激励机制、畅通发展路径——持续壮大高技能人才队伍》，《人民日报》2022 年 12 月 7 日第 13 版。

年正式加入世界技能组织，作为“后起之秀”，我国在2017年第44届世界技能大赛中，首居金牌榜、奖牌榜和团体总分首位，夺取“阿尔伯特·维达”大奖。2019年第45届世界技能大赛中，我国选手获得16金14银5铜及17个优胜奖的成绩，再次位列金牌榜、奖牌榜和团体总分第一。从文物修复界泰斗李云鹤到特种熔融焊接工高凤林，从中国第一代核燃料师乔素凯到电网系统特高压检修工王进……他们是披荆斩棘的先驱，择一事，终一生，让“匠心”永远传承。弘扬劳动精神、劳模精神、工匠精神，建设知识型、技能型、创新型劳动者大军，在中国制造的品质革命中再创辉煌。

（三）人才创新创业的社会环境不断改善

党的十八大以来，从中央各部门到地方各级政府，从高校、科研院所到各类企事业单位，普遍把人才作为发展之基、创新之源，紧紧围绕激发人才活力，营造良好的政策环境、市场环境、工作环境和生活环境，不断加大人才工作推进力度，持续深化人才发展体制机制改革，全社会尊重人才、见贤思齐，鼓励创新、宽容失败的氛围日益浓厚，形成了近者悦、远者来的良好人才发展环境。

1. 以激发创新活力为核心，营造良好的政策制度环境

党的十九大报告提出，建设人才强国，要实施更加积极、更加开放、更加有效的人才政策。《国家中长期人才发展规划纲要（2010—2020年）》部署的十大人才政策形成了人才优先发展的政策体系，截至2021

年，国家围绕人才培养、评价、吸引、激励、服务等重点任务，制定出台政策改革措施 50 多项，配套文件 150 多个，其中以党中央或国务院文件印发的超过 76 份，人才政策供给能力和联动日益增强。

各地区各部门结合实际研究制定一系列与国家重大人才政策相衔接的具体举措，逐步形成国家、部门、地方三级贯通的政策体系，为人才资源优先开发、结构优先调整、投资优先保证、制度优先创新提供有力保障。各地深入实施人才强省、强市、强县战略，因地制宜实施各具特色的人才政策，积极主动融入高质量发展大棋盘。例如，北京推动雄安和通州两翼联动发展，引领带动京津冀人才一体化发展；浙江发挥杭州、宁波城市综合能级优势和嘉兴接轨上海的“桥头堡”优势，推进“人才飞地”园区建设；安徽以长三角 G60 科创走廊为切入点，积极融入长三角城市群，发挥合肥综合性国家科学中心和“全创改”试点省的聚才作用，积极引进国际高端人才。此外，人才工作关联度高、耦合性强，还需要整体联动、齐抓共管。各地从制度建设、队伍建设和组织建设上，加强顶层设计，加快构建框架性制度安排，根据新时代人才发展要求，出台具有统领作用和指导意义的人才政策。例如，江苏着重构建“五坚持五提升”人才工作体系，推动人才工作从工程驱动、政策推动向体系构建升级，实现内涵发展、整体提升；北京出台推动首都高质量发展人才支撑行动计划，实施若干专项政策，形成“1+N”人才政策体系，推动人才政策调整升级，适应人才政策“摩尔定律现象”；上海自 2015 年以来，先后 3 次升级迭代人才政策，形成承继创新的人才政策体系；海南率先成立省委人才发展局，统筹全省人才政策、项目、资金、力量等资源，整合人才工作多方力量，12 个重点产业牵头部门设立产业人才工作处，更好服务产业人才发展。

2. 以发挥用人主体的积极作用为导向，营造高品质的服务环境

中共中央 2016 年下发的《关于深化人才发展体制机制改革的意见》强调，“充分发挥市场在人才资源配置中的决定性作用和更好发挥政府作用，加快转变政府人才管理职能，保障和落实用人主体自主权”。各地方党委政府着力深化人才发展体制机制改革，赋予用人单位充分自主权，为人才发展赋权赋能，营造潜心研究、追求卓越、风清气正的科研环境。2017 年，教育部、中央编办、发展改革委、财政部、人社部五部委在高校学科专业、编制、岗位、进人用人、职称评审、薪酬分配等方面扩大高校用人自主权，提出试点高校人员总量实行动态调整，鼓励高校推进内设机构取消行政级别，全面下放高校职称评审权。地方层面，江苏探索公立医院人员编制备案制管理，广东向省属重点高校推动岗位设置、公开招聘、薪酬分配等用人自主权改革试点。

在自主评价权方面，《关于深化职称制度改革的意见》提出发挥用人主体在职称评审中的主导作用，科学界定、合理下放职称评审权限。对于开展自主评审的单位，政府不再审批评审结果，改为事后备案管理，逐步将高级职称评审权限下放到符合条件的市地或社会组织，推动高校、医院、科研院所、大型企业和其他人才智力密集的企事业单位按照管理权限自主开展职称评审。地方层面，湖北、江苏、广东等省将职称评审权下放到部分国有企业和高等院校。江苏修订科技人才评价标准，树立以用为本导向，坚持干什么、评什么，重能力、重水平、重实践，突出科技人才能力、贡献、绩效等要素，增加科技成果转化应用的

权重比例，取消不合理的限制性资格条件。

在自主薪酬分配权方面，根据国务院办公厅印发的《关于城市公立医院综合改革试点的指导意见》，相关部门出台了《关于开展公立医院薪酬制度改革试点工作的指导意见》《关于深化高等教育领域简政放权放管结合优化服务改革的若干意见》，推动城市公立医院和高校薪酬分配制度改革，提出探索对公立医院主要负责人实行年薪制，在核定薪酬总量范围内允许医院进行自主分配；高校绩效工资分配向关键岗位、高层次人才、业务骨干和做出突出成绩的工作人员倾斜。2017 年，人社部印发的《关于支持和鼓励事业单位专业技术人员创新创业的指导意见》提出："绩效工资分配应当向在创新岗位做出突出成绩的工作人员倾斜。创新岗位工作人员依法取得的科技成果转化奖励收入，不纳入单位绩效工资……事业单位设置流动岗位，可按规定申请调整工资总额，用于发放流动岗位人员工作报酬。"地方层面，江苏、北京、天津、浙江等均提出，引进急需紧缺的高层次人才实行协议年薪制，科研人员承担企业科研项目所获收入、科技成果转化奖励、科研经费绩效奖励，均不纳入单位绩效工资总额。

各地找准特点特色，充分利用优势资源，因地制宜、因城制策，打造独具城市特色的人才发展生态，形成人才工作比较优势。北京建立 10 余家新兴研发机构和 22 家高精尖中心，每年给予 5000 万元到 2 亿元资金支持，着力支持用好战略科技人才，向战略科学家及其核心团队赋能赋权，破除各种体制机制障碍，充分下放各种权力，使其能够更加心无旁骛地开展研究。天津深化"一制三化"改革，提升政务服务水平，以市政服务中心为牵引，建立政务服务"三级中心、四级服务"体系，实施相对集中的许可证改革，提升“一站式”服务功能；编制标准化操作规程，推动服务标准化；开发“政务一网通”平台，建立便民服务专线平台。西安推出全市“一网通办”总门户和政务服务 APP，打造中介服务超市，加快推进政务服务“好差评”体系建设，推动行政许可事项向市区集中、公共服务事项向镇街延伸、便民服务事项向社区下沉。成都打造“蓉漂”品牌，形成鲜明品牌标识和产品矩阵。景德镇形成“景漂”人才标识，促使大量文化文艺人才集聚。杭州推动人才生态与城市美学深度融合，使杭州成为创业者的天堂。

推进人才资源市场化配置，营造充满活力的市场环境。当前，人才资源配置的市场主体作用愈加凸显。一是人才流动更加顺畅活跃。国家相继出台《关于进一步推进户籍制度改革的意见》《关于充分发挥市场作用促进人才顺畅有序流动的意见》，全面推行机关和事业单位养老保险制度改革，大力实施一系列关于海外人才引进的政策措施，较大程度地畅通了人才跨所有制、跨区域流动渠道，人才向创新创业高地聚集的态势愈加显著。

二是市场化的人才评价机制更为完善。为降低就业创业门槛，推动市场化职业水平评价，国务院自 2013 年以来分 7 批审议通过取消国务院部门职业资格许可和认定事项共 434 项，其中，专业技术人员职业资格 154 项、技能人员职业资格 280 项，削减比例在 70% 以上。2017 年，人社部出台《进一步减少和规范职业资格许可和认定事项的改革方案》，进一步清理各种准入证、上岗证等，提出实施国家职业资格目录清单管理制度。此外，一些发达地区积极探索在人才引进过程中实现市场化评价。例如，北京改变以往重点人才工程由政府牵头主导，领军企业和重点用人单位在人才引进评价中自主作用较小的局面，对纳入试点范围的重点领域高科技企业或机构给予北京市海外人才工程人选自主认定权，以此推动市场主体按需引才。上海合理提高市场化选聘比例，在市场化程度较高的企业，积极推行职业经理人制度，更好发挥企业家作用。完善国有企业经营管理人才和科技人员中长期激励措施，鼓励企业通过股权、期权、分红等方式，调动管理和科技人员的创新积极性。天津在人才落户新政中突出市场导向，坚持“产业第一，企业家老大”理念，对战略性新兴产业领域领军企业急需的人才，由企业家确定人才条件、提出人才名单，政府照单全收。杭州鼓励市场化的引才方式，不仅设立500万元人力资源服务业发展资金用于扶持中介组织、猎头机构的发展，还积极完善政府购买人才服务政策，鼓励和支持用人单位加大对紧缺创新创业人才引进力度，并鼓励西湖大学、阿里巴巴集团等单位试点人才自主分类认定。

三是人力资源服务业蓬勃发展。党的十八大以来，人力资源市场不断探索改革举措。政府管理转向政策制定、产业引领和营造环境，公共服务与经营性服务分离，服务业独立门类地位完全确立。产业集聚规模、功能多元健全、运行有序规范的人力资源市场体系基本形成。人力资源服务业已逐渐从提供招聘服务、人事代理、档案管理等传统、单一的产品，向提供人力资源服务外包、培训、高级人才寻访、人才测评等多层次、分类别、多样化的产品转变。截至2021年底，全国共有各类人力资源服务机构5.91万家，从业人员103.15万人，年营业收入2.46万亿元，全年为3亿人次劳动者提供了就业、择业和流动服务，为

5099 万家次用人单位提供了人员招聘和管理服务。[①] 此外，加快专业性、行业性人才市场建设。例如，2021 年，新建中国三亚旅游人才市场，打造全球高端旅游人才供应链基地；新建中国重庆数字经济人才市场，致力于为数字经济人才和企业提供“一站式”人力资源服务解决方案。[②]

3. 积极探索更加开放的人才国际环境

一是积极落实人才自由流动政策。北京、上海、广州、深圳、杭州、南京等城市，探索技术移民、创业移民事宜，落实人才签证制度，放宽居留限制及从事专业技术居留有关学历、工作经验、资格、注册资金等方面的限制。设立海外人才引进目录，放宽引进标准。进一步简化办理外国人申办工作许可程序，探索创业类签证和居留许可事宜，支持在外资企业工作的外籍人才辞职后、外国留学生毕业后在华创新创业，同时，支持外籍学生来华实习见习。

二是实施人才从业自由的政策。在国有企事业单位、新型研发机构开展特设岗位试点，面向海外人才开放；开展担任国有企事业单位、新型研发机构法人代表制度试点；抓紧落实境外专业人才执业或提供专业服务试点；探索符合国际惯例的公共部门外籍雇员管理方式，采用年薪制、项目工资、协议工资等多种薪酬分配方式；建立具有国际竞争力的海外人才税收政策。

三是全面夯实外籍人力资源管理职能。协调和指导外籍人力资源

① 《市场激活力　发展添动力——党的十八大以来人力资源服务业发展综述》，《中国组织人事报》2022 年 7 月 19 日第 1 版。

② 《市场激活力　发展添动力——党的十八大以来人力资源服务业发展综述》，《中国组织人事报》2022 年 7 月 19 日第 1 版。

招募、吸收、安置、运用等工作，规范用人单位与外国专家的聘用管理行为，保障海外人才合法权益，加大对外国人才公共安全、风险、突发事件的处理力度。

四是推进外籍人才服务体系建设。围绕外国人工作、生活、学习等各个环节，整合出入境、人社、外专、商务、检验检疫、外事等各部门，建立外国人才公共服务“单一窗口”，缩短审批周期，提高办理效率，为外国人才提供更加便捷的办事环境。

五是推进智慧化政务服务。整合政府部门资源，建立智慧化政务平台，集成各类公共服务资源，开展“一网通办”“一网统管”，精简和调整行政审批事项流程。打造一站式、全流程、专业化的人才发展政策和生活服务信息综合门户网站，设计国际人才服务包，提供精准、定制、菜单式、主题式政策服务。

第三章 人/才/强/国

支撑现代化建设的人才现代化

党的二十大报告提出“强化现代化建设人才支撑”的重大命题，把建设人才强国的目标定位在推进中国式现代化的历史进程中。为此，我们需要从现代化的战略高度思考人才这个建设主体的发展问题。如何培养造就现代化建设需要的高素质人才？如何发挥人才引领驱动现代化建设的作用？如何使人才自身在现代化建设中得到全面自由的发展？解决这些问题，需要从实现人才现代化的视角，探讨强化现代化建设人才支撑的实现路径，这是新时代实施人才强国战略面临的重大课题。

一、现代化建设的战略支撑是人才现代化

（一）人才现代化的基本概念与理论基础

现代化的本质是人的现代化，前提是人才现代化。人才现代化可以理解为人的现代化的社会价值形态，它不仅强调人的自身现代性，而且强调作为现代化建设的承担者、引领者的现代性，也就是人的现代化与社会现代化有机统一和协调发展的现代化。人的自由而全面发展，是马克思主义人才观乃至马克思主义学说的一个重大命题。马克思提出，人的发展程度为社会形态演进提供了价值判断的衡量尺度，人在不同的社会形态中表现出迥异的主体特征和状态，而人的自由而全面发展即成为共产主义社会的价值追求。这应该成为我们阐释人才现代化的理论基础。

习近平总书记在党的十九大报告中提出，要“努力形成人人渴望成才、人人努力成才、人人皆可成才、人人尽展其才的良好局面”。因此，人才现代化的内涵，是以人才的创造性实践活动为基础的现代化主体与客体的统一过程。支撑现代化建设，首先是实现人才现代化，而在现代化建设的过程中才能实现人的全面而自由发展的人才现代化，两者

互为条件，互为依存。正如马克思在关于“人的解放”理论中提出的，人的解放不是乌托邦式的幻想，而是现实的运动过程。无产阶级的解放和整个社会的解放即世界解放，只有在实践中才能实现，即这种解放必须通过物质的力量和手段才能实现。

中国人才现代化的进程，是与探索社会主义现代化建设道路同步发展起来的。早在改革开放之初，邓小平就指出了人才问题在现代化建设中的极端重要性。邓小平说：“靠空讲不能实现现代化，必须有知识，有人才。没有知识，没有人才，怎么上得去？”之后又说，“中国的事情能不能办好，社会主义和改革开放能不能坚持，经济能不能快一点发展起来，国家能不能长治久安，从一定意义上说，关键在人。”正因如此，我们党全面贯彻尊重劳动、尊重知识、尊重人才、尊重创造的方针，提出实施人才强国战略、建设人才强国等一系列推进人才现代化的重大举措。

党的十八大以来，我们党在建设人才强国的理论创新和实践探索中，系统总结出实现人才现代化的基本规律。正如习近平总书记在中央人才工作会议上提出的“八个坚持”：坚持党对人才工作的全面领导，坚持人才引领发展的战略地位，坚持面向世界科技前沿、面向经济主战场、面向国家重大需求、面向人民生命健康，坚持全方位培养用好人才，坚持深化人才发展体制机制改革，坚持聚天下英才而用之，坚持营造识才爱才敬才用才的环境，坚持弘扬科学家精神。在习近平总书记关于做好新时代人才工作的重要思想的指导下，我国在实施人才强国战略的进程中取得历史性成就、发生历史性变革，已经拥有一支规模宏大、素质优良、结构不断优化、作用日益突出的人才队伍。

（二）实现人才现代化的重大现实意义

在开启社会主义现代化建设新征程的历史新起点上，习近平总书记在党的二十大报告中提出了到2035年建成人才强国的奋斗目标，并全面部署了“完善人才战略布局，坚持各方面人才一起抓，建设规模宏大、结构合理、素质优良的人才队伍”等各项任务。应该看到，未来十余年是中国建成世界人才强国的攻坚期、加速期、冲刺期，我们面临的各种风险和挑战会更加严峻，人才发展体制机制的深层次矛盾会更加凸显，国际人才竞争的环境也会更加激烈与动荡。要实现人才现代化，必须树立发展新理念新思路，开辟发展新领域新赛道，塑造发展新动能新优势。因此，把实现人才现代化作为支撑现代化建设的重要基石和保证，具有重大现实意义。

首先，坚持以中国式现代化的发展理念、质量标准和科学方式培养造就大批德才兼备的高素质人才。2013年10月，习近平总书记在欧美同学会成立100周年庆祝大会上指出：“人才是衡量一个国家综合国力的重要指标。没有一支宏大的高素质人才队伍，全面建成小康社会的奋斗目标和中华民族伟大复兴的中国梦就难以顺利实现。”实现人才的现代化，根本目的是推进人才发展从传统向现代的转型，即推进人才的思想观念、素质能力、行为方式、社会关系、制度环境等方面的现代转型。党的二十大报告提出，中国式现代化的本质要求是：坚持中国共产党领导，坚持中国特色社会主义，实现高质量发展，发展全过程人民民主，丰富人民精神世界，实现全体人民共同富裕，促进人与自然和谐共生，推动构建人类命运共同体，创造人类文明新形态。按照这一本质要求，要确立为党育人、为国育才的教育理念，准确把握“为谁培养人、培养什么人、怎样培养人”这个根本性问题，培养担当民族复兴大任的时代新人。全面提高人才自主培养的质量，着力造就拔尖创新人才，聚天下英才而用之。

培养造就高素质人才不是培养少数精英，而是从社会主义现代化建设的需要出发，培养造就数以亿计的各类人才，是统揽全局、提质增效的“大人才观”，是基于我国人口规模巨大的国情提出来的。我国不仅是人口大国，更是人力资源大国。当前，我国已成为世界人才大国，拥有世界上最大规模的科技人才群体、大学生群体、技术技能人才群体和企业家群体，为社会主义现代化建设奠定了扎实的人才基础。如何从人才大国迈向人才强国，需要从数量到质量，解决不平衡不充分的问题；需要坚持各方面人才一起抓，建设规模宏大、素质优良、结构不断优化、作用日益突出的人才队伍。

其次，坚持以现代化建设的重大战略需求为导向，吸引和集聚各方面优秀人才。党的二十大报告对加快建设国家战略人才力量作出重要部署，提出努力培养造就更多大师、战略科学家、一流科技领军人才和创新团队、青年科技人才、卓越工程师、大国工匠、高技能人才的目标要求。高质量发展和科技自立自强迫切需要加快建设国家战略人才力量，实施新时代人才强国战略。要完善人才发展的新型举国体制，打破原有的以行业和职业静态划分人才队伍类别的传统做法，明确以国家战略需求为导向的人才分类新理念，聚焦建设世界重要人才中心和创新高地，重塑国家战略科技力量的新格局，形成诸多领域人才国际竞争的比较优势，为中国式现代化建设提供战略人才支撑。

集聚全球高端人才和智力资源，加快建设世界重要人才中心和创新高地，需要进行战略布局。面向未来，我国人才建设必须根据国家现代化建设的总体布局和创新型国家发展战略要求，推动北京、上海、粤港澳大湾区建设高水平人才高地，促进高层次人才集中的中心城市着力建设吸引和集聚人才的平台，开展人才发展体制机制综合改革试点，集中国家优质资源重点支持建设一批国家实验室和新型研发机构，发起国际大科学计划，为人才提供国际一流的创新平台，加快形成战略支点和雁阵格局。

再次，坚持以支撑现代化建设的效能为目标，深化人才发展体制机制改革。党的二十大报告要求，深化人才发展体制机制改革，真心爱才、悉心育才、倾心引才、精心用才，求贤若渴，不拘一格，把各方面优秀人才集聚到党和人民事业中来。实现人才现代化，要靠国家治理体系与治理能力的现代化。人才发展体制机制管根本、管长远，是影响人才集聚和发挥效能的关键。习近平总书记在中央人才工作会议上指出："要遵循人才成长规律和科研规律，进一步破除'官本位'、行政化的传统思维，不能简单套用行政管理的办法对待科研工作，不能像管行政干部那样管科研人才。要完善人才管理制度，做到人才为本、信任人才、尊重人才、善待人才、包容人才。"我国人才发展体制机制的一个突出问题就是，人才评价体系不合理，"四唯"现象仍然严重，人才"帽子"满天飞，滋长急功近利、浮躁浮夸等不良风气。为此，要破除人才发展的体制机制性障碍，持续释放人才创新创造活力，以人才现代化的体制机制建设促进形成人才国际竞争的制度优势，进而转化为创新优势、比较优势和发展优势，为人才支撑现代化建设提供强有力的制度保障。

最后，强化人才生态环境建设，营造人才成长和发挥作用的良好氛围。人才发展环境主要是指由直接和间接影响人才发展的政治、经济、社会、文化等多方面发展要素组成的系统。实现人才现代化，需要营造尊重人才成长规律，激发人才创造活力，聚天下英才而用之的良好发展环境。习近平总书记在中央人才工作会议上指出："坚持营造识才爱才敬才用才的环境。这是做好人才工作的社会条件。必须积极营造尊重人才、求贤若渴的社会环境，公正平等、竞争择优的制度环境，待遇适当、保障有力的生活环境，为人才心无旁骛钻研业务创造良好条件，在全社会营造鼓励大胆创新、勇于创新、包容创新的良好氛围。"这一重要论述，全面概括了人才发展环境现代化的内涵。中国式现代化本质上是全体人民共建共享的现代化，人才发展环境说到底是在世界各国纷纷加入国际人才竞争的背景下，为各类人才提供的成长和事业发展的现代化软环境。

二、实现人才素质能力现代化

实现人才现代化应紧扣支撑现代化建设、推动高质量发展、聚焦科技自立自强的重大战略需求展开，其内涵应围绕实施新时代人才强国战略的布局不断加以丰富。人才素质能力状况是现代化建设主体的核心要素，其衡量标准依据现代化建设进程的需要而确定，且表现出与时俱进的动态变化特征，如我国现有专业技术人才队伍中受高等教育的比重已经超过 50%，创新素质能力却不能满足高质量发展的需求。

习近平总书记在党的二十大报告中提出“为党育人、为国育才”的教育方针，并指出：“培养造就大批德才兼备的高素质人才，是国家和民族长远发展大计。”这指明了人才素质能力现代化最根本的标准，就是坚持德才兼备、立德树人。为此，必须全面提高人才自主培养的能力和质量，正如习近平总书记所指出的：“当今世界人才的竞争首先是人才培养的竞争。中国是一个大国，对人才数量、质量、结构的需求是全方位的，满足这样庞大的人才需求必须主要依靠自己培养，提高人才供给自主可控能力。”目前，我国已建成世界规模最大的高等教育体系。根据教育部发布的《2021 年全国教育事业发展统计公报》，2021 年，全国共有各级各类学校 52.93 万所，各级各类学历教育在校生 2.91 亿人。义务教育阶段学校 20.7 万所，义务教育阶段招生 3488.02 万人，在校生

1.58 亿人，九年义务教育巩固率 95.4%。高中阶段毛入学率 91.4%，比上年提高 0.2 个百分点。高等教育学校 3012 所，各种形式的高等教育在学总规模 4430 万人，毛入学率 57.8%。各级教育普及程度达到或超过中高收入国家平均水平，其中义务教育普及程度达到世界高收入国家平均水平。这为社会主义现代化建设事业和中华民族伟大复兴提供了有力的人才和智力支撑。习近平总书记指出："我国拥有世界上规模最大的高等教育体系，有各项事业发展的广阔舞台，完全能够源源不断培养造就大批优秀人才，完全能够培养出大师。我们要有这样的决心、这样的自信！"①

同时要清醒地认识到，我国人才培养量质不均的矛盾仍然突出，人才培养与社会需求脱节问题没有根本解决。一方面，每年近千万大学毕业生的就业难问题日益突出；另一方面，企业专业技术技能岗位的求人倍率长期保持在 2 以上（一名技术技能人才至少对应 2 个岗位），招工难的结构性矛盾日益加剧。科技创新方面的高端人才和创新团队力量不足，关键核心技术攻关人才严重短缺，直接影响科技自立自强和高质量发展的进程。根据基本科学指标数据库（Essential Science Indicators，ESI）对全球大学、学术机构、国家或地区的国际学术水平和影响力的评估，在 2022 年世界大学综合竞争力排行中，有 2 个及以上学科进入 ESI 排行的大学有 1826 所。其中，美国有 298 所，中国内地有 284 所，英国有 98 所，法国有 87 所，德国有 71 所，日本有 68 所，意大利有 65 所，西班牙有 52 所，加拿大有 44 所，澳大利亚有 39 所。上述 10 个国家 2 个及以上学科进入 ESI 排行的大学数目约占世界总数的 60.57%。在前

① 习近平：《深入实施新时代人才强国战略　加快建设世界重要人才中心和创新高地》，《求是》2021 年第 24 期。

100 名大学中，美国有 35 所，中国内地有 10 所，英国有 9 所，有 14 亿人口的中国内地与人口不到 7000 万的英国处于同等水平，表明我国大学教育水平与建成人才强国要求相比，还有很长的距离。在新征程上，需要更加依靠教育体系培养人才，健全完善学校教育体系、职业教育体系和终身教育体系，促进人才链、教育链、创新链、产业链的融合，培养全社会所需的各级各类人才。

党的二十大报告设专章部署“实施科教兴国战略，强化现代化建设人才支撑”的战略任务，其中一个重要内容是教育、科技、人才的三大战略需要系统集成，协同发力，形成培养人才的良性循环。这是提高人才自主培养质量，实现人才素质能力现代化的有效途径。2023 年 2 月，习近平总书记在中共中央政治局第三次集体学习时强调，加强基础研究，归根结底要靠高水平人才。必须下气力打造体系化、高层次基础研究人才培养平台，让更多基础研究人才竞相涌现。要坚持教育优先发展的战略地位，发挥高校培养人才的主阵地作用，重点聚焦解决基础研究人才数量不足、质量不高问题，坚持走基础研究人才自主培养之路。要优化基础学科教育体系，构建符合基础研究规律和人才成长规律的评价体系，全方位谋划基础学科人才培养，突破常规，创新模式，更加重视科学精神、创新能力、批判性思维的培养教育。教育部 2020 年出台“强基计划”（基础学科招生试点改革），遴选 36 所“双一流”高校展开试点；同时，持续推进“珠峰计划”（基础学科拔尖学生培养试验计划），在 77 所大学布局建设 288 个培养基地，探索建设一批基础学科拔尖人才培养“特区”，吸引优秀学生投身基础研究，加大重大原始创新人才培养力度，实现基础教育阶段、高等教育阶段、职业发展阶段的全周期支持，构建高质量基础学科人才培养体系。

三、培养造就德才兼备的高素质人才

培养造就德才兼备的高素质人才，必须坚持全方位育人标准，不断提高人才素质，培育具有较高品德修养、宽广知识见识、高水平审美和人文素养并具有劳动精神的人，强化现代化建设人才支撑。

（一）培养现代化人才的总体要求

德才兼备既是中国共产党培养干部人才的一贯原则和光荣传统，也是党的二十大对现代化人才建设的总要求。德才兼备是人成其才的必备条件，二者缺一不可。德才兼备、以德为先是人才培养使用的铁律和标准，是培养各领域人才的重要原则。在文艺工作方面，习近平总书记强调，繁荣发展社会主义文艺、建设社会主义文化强国，需要在党的领导下，广泛团结凝聚爱国奉献的文艺工作者，培养造就一大批德才兼备的文学家、艺术家；在建军强军方面，习近平主席要求，实施新时代人才强军战略，推动军事人员能力素质、结构布局、开发管理全面转型升级，锻造德才兼备的高素质、专业化新型军事人才。习近平总书记在党的二十大报告中强调，培养造就大批德才兼备的高素质人才，是国家和民族长远发展大计。

何谓“德”？“德者，本也。”道德对于个人与社会都具有基础性、方向性的意义。在新时代，人才队伍的“德”指的是个人的政治品德、社会公德、个人私德与家庭美德。政治品德即政德，是人才队伍的第一道德和核心道德，强调个人应具备坚定的马克思主义信仰、中国特色社会主义信念，增强政治认同，听党话、跟党走，以国家命运为己任，为国家繁荣富强、人民幸福安康和中华民族伟大复兴贡献力量。社会公德要求个人保持正直与正义，做到诚实守信，公正守法。个人私德要求处理好自身的生活圈，保持良好的生活习惯与生活作风。私德不是小事，它事关个人的荣誉和自身的发展进步。在家庭美德方面，应严格要求亲属子女，过好亲情关，开创良好家风。

科学家精神与社会主义核心价值观所倡导的价值理念不谋而合、高度统一，是全社会共同的价值追求。2019 年 6 月，中共中央办公厅、国务院办公厅印发《关于进一步弘扬科学家精神加强作风和学风建设的意见》，指出“自觉践行、大力弘扬新时代科学家精神”。具体来讲，就是要大力弘扬胸怀祖国、服务人民的爱国精神，勇攀高峰、敢为人先的创新精神，追求真理、严谨治学的求实精神，淡泊名利、潜心研究的奉献精神，集智攻关、团结协作的协同精神，甘为人梯、奖掖后学的育人精神。科学家精神作为人才发展在学术与生活、职业修养与个人操守等方面的精神指引，是人才精神的集中体现。2020 年 9 月，习近平总书记在科学家座谈会上指出：“科学成就离不开精神支撑。科学家精神是科技工作者在长期科学实践中积累的宝贵精神财富。”传承和弘扬科学家精神，以科学家精神培育包括广大科学家在内的一切中国特色社会主义事业参与者、建设者的爱国、奉献、创新等优秀品质，对于稳步实现社会主义现代化和中华民族伟大复兴具有不可替代的作用。科学家精神的传承和弘扬，是新时代推动我国人才事业发展必须坚持的原则和方法论。从科学家精神生成和传承的主体看，科学家精神主要是由老一辈优秀科学工作者创造的，科学家精神的传承和弘扬则寄希望于青年一代的科学工作者。从外部环境来看，科学家精神的传承和弘扬，同科技人才的培养与管理制度改革、科研生态环境与学风建设、科学人才政治引领与思政工作息息相关。现代化建设对科学家精神的传承和弘扬提出迫切要求。在广大科技工作者中，传承和弘扬科学家精神，不仅需要深入分析科学家精神的内涵，使科学家精神真正作用于科研主体，为科学研究注入源源不竭的精神动力，而且需要全面把握科研主体相关的外部条件，并进行优化建设，为科学家精神的传承和弘扬营造良好的科研环境。

何谓“才”？人才是指具有一定的专业知识或专门技能，进行创造性劳动并对社会作出贡献的人，是人力资源中能力和素质较高的劳动者。专业知识与专业技能，是“才”的重要基础。新时代人才，应具备坚实的知识基础与过硬的专业本领。社会主义现代化事业各领域的发展都要紧紧依靠人才，依靠具有专业知识和专门技能的人才。例如，在农业发展上，习近平总书记指出建设现代化农业要靠专门人才；在军队建设上，习近平主席要求军队建设专业化、专门化，努力提升军队人才素质，要求“军队院校因打仗而生、为打仗而建，必须围绕实战搞教学、着眼打赢育人才。要立起为战育人鲜明导向，一切办学活动都要聚焦能打仗、打胜仗”。不间断地、持续地输送掌握专业知识和具有专门技能的人才投身各领域建设，做到术业有专攻，是推动社会主义现代化事业发展的人才保障。在创新型社会发展的今天，“才”更凸显为优良的创新能力。习近平总书记指出，“人才是创新的根基，创新驱动实质上是人才驱动”。培育造就一批敢于打破常规，发挥创造性思维的人才，推动跨越式、飞跃式发展，是我国迈向创新型强国行列的必然要求。

（二）新时代高素质人才培养的基本标准

政治素质是人才的第一素质和第一标准。2019 年 3 月 1 日，习近平总书记在春季学期中央党校（国家行政学院）中青年干部培训班开班式上强调：“干部要想行得端、走得正，就必须涵养道德操守，明礼诚信，怀德自重，保持严肃的生活作风、培养健康的生活情趣，特别是要增强自制力，做到慎独慎微。一个人廉洁自律不过关，做人就没有骨气。要牢记清廉是福、贪欲是祸的道理，树立正确的权力观、地位观、利益观，任何时候都要稳得住心神、管得住行为、守得住清白。”习近平总书记的重要讲话，明确了国家需要的干部人才应是品德高尚、清正廉洁、理想信念坚定、严于律己、具有正确政治观念，为他人树立榜样的人。

专业素质是人才的核心素质和核心素养。习近平总书记在党的十八届六中全会第二次全体会议上指出：“专业素养是专业知识、专业能力、专业作风、专业精神的统一，而不仅仅是专业对口那么简单。”高素质、高质量人才应是具备如下品质的人：掌握该领域相关的具体知识，即具备专业知识；在工作过程中能够将专业理论知识与具体实践相结合，即具备工作能力；在工作中形成专业所需要的修养和品性，如大公无私、勤勤恳恳、兢兢业业，即具备专业作风；拥有对工作热爱和投入的品质，即具备专业精神。专业素养是四者的有机统一，而非简单叠加。

无私奉献的精神和为民服务的情怀是人才的根本素质。2022 年 5 月 10 日，习近平总书记在庆祝中国共产主义青年团成立 100 周年大会上指出："1937 年，毛泽东同志为陕北公学成立题词时说：'要造就一大批人，这些人是革命的先锋队。这些人具有政治远见。这些人充满着斗争精神和牺牲精神。这些人是胸怀坦白的，忠诚的，积极的，与正直的。……中国要有一大群这样的先锋分子，中国革命的任务就能够顺利的解决。'今天，党和人民同样需要一大批这样的先锋分子，党中央殷切希望共青团能够培养出一大批这样的先锋分子。这是党的殷切期待，也是祖国和人民的殷切期待！"其中所指的"先锋分子"就是高素质、高质量的干部、人才，即具有无私奉献精神，立志为民服务，能够做到"先天下之忧而忧，后天下之乐而乐"的一批素质优良的人才，从而为服务国家富强、民族复兴、人民幸福贡献力量。

（三）新时代高素质人才培养的着力点

1. 坚持实施"五育并举"方针

党的十八大以来，各地各部门深入贯彻落实习近平总书记关于做好新时代人才工作的重要思想，坚持落实立德树人根本任务，坚持"五育并举"，培养德、智、体、美、劳全面发展的高素质、高质量人才。新时代人才素质提升应把好以下着力点：坚持育人为本，德育为先；强化智育提升，推进人才培养改革，进一步凸显"厚基础、宽口径、重个性”的人才培养思路，激发青少年好奇心、想象力、探究欲，培养具备科学家潜质、愿意献身科学研究事业的青少年群体；注重体育健身，强化日常锻炼和兴趣培养，激发人才的奋斗精神，培养坚定意志；强化美育，开设艺术鉴赏、音乐欣赏、美学基础等课程，提高审美和人文素养，激发创新能力；加强劳育体验，鼓励开展劳动实践，学习劳动技能，在全社会营造一种尊重劳动的氛围。通过践行“五育并举”的育人理念，培养有理想、有本领、有担当的时代新人，培养能够堪当民族复兴大任的拔尖创新人才，为实现中华民族伟大复兴提供人才支撑。

2. 加强科技创新人才队伍建设

教育优先发展的重心要落在创新培养理念、体系和方式，大力培养造就一支服务国家战略需求，支撑和保障国家创新链、产业链、供应链安全稳定，自立自强的创新人才队伍上。一是要发挥高校对战略人才培养的主阵地作用，将国家战略人才培养质量和能力作为评价高校特别是“双一流”大学的核心指标。实施基础学科急需人才培养专项，加快培养基础学科拔尖人才，创新人才培养模式，鼓励学生开展原创性实践活动，大力提升学生的科学精神、创新能力和批判性思维。建设一批数理化生等基础学科人才培养基地，推进基础学科招生培养改革，加大高校保送生倾斜力度。二是突出服务国家战略需求，全面提升自主培养战略人才质量，推进高校学科体系、教学体系、教材体系改革，加大创新实践能力的培养力度，全面提升国家战略人才的供给能力。例如，深入实施“中学生英才计划”“珠峰计划”；实施“有组织攻关重大项目培育计划”，布局建设集成攻关大平台；实施“千校万企”协同创新伙伴计划；深入实施高等学校人工智能、区块链、碳中和科技创新行动；等等。三是以国家战略为导向，深化工程教育改革，完善企校联合培养机制，重点建设一批工程类硕士点、博士点，将学生参与企业工作、完成特定项目作为学业重要内容。

3. 大力培养卓越工程师人才

习近平总书记在中央人才工作会议上指出："要探索形成中国特色、世界水平的工程师培养体系，努力建设一支爱党报国、敬业奉献、具有突出技术创新能力、善于解决复杂工程问题的工程师队伍。"培养卓越工程师，必须充分调动高校和企业的积极性。高等院校要大力发展新工科，加快布局建设新型高水平理工科大学和未来技术学院、现代产业学院、行业特色学院，建立与综合性大学不同的新工科大学评价指标体系。组织实施"卓越工程师教育培养计划"，聚焦国家战略和安全领域，从知名高校遴选一批相关专业毕业生到企业一线工作，进行重点培养。推动职业院校、技工院校同企业深度合作，推广"订单式"培养模式，推行中国特色学徒制，培养知识型、技能型、创新型高技能人才队伍。

四、不断优化人才结构

“人才高下，不能钧同。”在当今信息化、数字化的时代洪流中，各项事业都需要人们“术业有专攻”，各类新形式、新问题、新需求对人才队伍结构调整的呼唤越来越强烈。全面优化人才队伍的专业结构、知识结构、职能结构、年龄结构、地域结构，成为全面建成社会主义现代化强国的必要条件。习近平总书记指出，“要更大规模、更有成效地培养我国改革开放和社会主义现代化建设急需的各级各类人才”。为此，必须更大范围更加全面地培养社会主义现代化建设中所需要的各行各业的专业人才，既要建成医生、教师、科技、文化等公共服务事业领域的高素质人才队伍，也要建成各类工业企业与信息产业的经营管理者、工程师、技能人才队伍；既要建成现代服务业高素质人才队伍，也要建成养老、家政、餐饮、酒店、环卫等社会服务急需紧缺人才队伍。

（一）新时代我国人才结构优化发展的新需求

“济济多士，乃成大业；人才蔚起，国运方兴。”进入新时代，各地积极响应中央号召，结合各项工作和自身实际不断优化人才结构。全国人才资源总量从 2010 年的 1.2 亿人增长到 2019 年的 2.2 亿人，其中专业技术人才从 5550.4 万人增长到 7839.8 万人。各类研发人员全时当量达到 480 万人年，居世界首位。[①] 据 2022 年发布的《中国科技人力资源发展研究报告（2020）》，截至 2020 年末，我国以 11234.1 万人的总量，继续保持科技人力资源规模世界第一的地位。党的十八大以来，我国人才事业蓬勃发展，取得历史性成就、发生历史性改革，人才队伍结构进一步优化。在学历结构上，近年来，本科及以上科技人力资源占比不断提升，但科技人力资源仍呈现以专科、本科、硕士、博士由多到少的金字塔形学历结构分布；在年龄结构上，我国科技人力资源年轻化特点和趋势愈发明显，39 岁及以下人群约占 3/4；在性别结构上，女性科技人力资源增长迅速，占比不断提升，性别比例更趋于均衡。

经过多年的人才结构调整，我国人才结构布局得到进一步优化，但在人才分布结构上仍然存在不均衡、不协调等问题。随着新的科技革命的到来，以及我国经济社会进入战略性结构调整期，我国的人才结构、人才布局需要进一步优化，以适应国际形势发展趋势和国内实际发展需要。2010 年，中共中央、国务院发布《国家中长期人才发展规划纲要（2010—2020 年）》，提出人才结构“分布和层次、类型、性别等结构趋于合理”的明确要求。2016 年，中共中央印发《关于深化人才发展体制机制改革的意见》，提出人才结构要“与经济社会发展相适应、相协调”的发展指向。

① 习近平：《深入实施新时代人才强国战略　加快建设世界重要人才中心和创新高地》，《求是》2021 年第 24 期。

（二）新时代我国人才结构优化发展的重点任务

习近平总书记指出："人才是第一资源。国家科技创新力的根本源泉在于人。"在经济发展全球化、信息交流网络化的时代，能否在信息技术革命中赢得优势，关键在于是否能把握住各类创新人才、领军人才。优化我国人才结构，在人才缺口行业和"卡脖子"领域填补空白、排除障碍仍然是我国人才队伍建设工作的当务之急。

1. 高层次科技创新人才建设成为建设创新型国家的重中之重

在全球范围内兴起的新一轮科技革命和产业变革中，对高层次科技创新人才数量和质量提升的需求正在急速增长。据国际货币基金组织（IMF）、光辉国际（Korn Ferry）预测，到2030年，全球将短缺8500万高技术人才。但需要指出的是，现有的人才供给并不能满足如此迫切的需求，这是各国发展普遍存在的问题。习近平总书记强调，"培养造就一大批具有国际水平的战略科技人才、科技领军人才、青年科技人才和高水平创新团队"。当前，我国很多领域尚处在世界科技创新的"跟跑"地位，高层次创新人才匮乏成为推进产业结构优化升级、转变经济发展方式的最大短板。这就要求我们必须瞄准急需紧缺人才，大力推进高层次科技创新人才的选拔培养工作，加快推进人才结构的战略性调整。

2. 持续优化高技能人才结构对于建设科技强国、人才强国具有重要意义

高技能人才是中国人才队伍的重要组成部分，是各行各业的杰出代表，对于建设科技强国、人才强国具有重要意义。在实现高水平科技自立自强，建成科技强国、人才强国的过程中，高技术人才必将以其突出的专业知识、操作技能、创新能力成为实现目标的主力军。当前，我国相关领域的高技能人才依然缺乏。2022 年 10 月，中共中央办公厅、国务院办公厅印发《关于加强新时代高技能人才队伍建设的意见》，针对高技能人才的数量、占比作出具体规划：到“十四五”时期末，“技能人才占就业人员的比例达到 30% 以上，高技能人才占技能人才的比例达到 1/3，东部省份高技能人才占技能人才的比例达到 35%。力争到 2035 年，技能人才规模持续壮大、素质大幅提高，高技能人才数量、结构与基本实现社会主义现代化的要求相适应”。此外，在“十四五”期间，全面实施“技能中国行动”，加强高技能人才队伍建设，营造技能人才发展的良好社会氛围。

3. 加快建设高水平人才高地是实现人才结构战略调整的根本途径

建设世界重要人才中心和创新高地，集聚各方面创新人才，是建设创新型国家和人才强国的关键抓手，也是实现人才结构战略调整的根本途径。对此，党中央顺应国际国内发展形势，提出新时代人才工作的战略目标——建设世界重要人才中心和创新高地，擘画出一张“三步走”的路线图：到 2025 年，全社会研发经费投入大幅增长，科技创新主力军队伍建设取得重要进展，顶尖科学家集聚水平明显提高，人才自

主培养能力不断增强，在关键核心技术领域拥有一大批战略科技人才、一流科技领军人才和创新团队；到 2030 年，适应高质量发展的人才制度体系基本形成，创新人才自主培养能力显著提升，对世界优秀人才的吸引力明显增强，在主要科技领域有一批领跑者，在新兴前沿交叉领域有一批开拓者；到 2035 年，形成我国在诸多领域人才竞争比较优势，国家战略科技力量和高水平人才队伍位居世界前列。

《国家“十四五”期间人才发展规划》对建设高水平人才高地作出全面部署，北京、上海、粤港澳大湾区要坚持高标准，努力打造成创新人才高地示范区。一些高层次人才集中的中心城市要采取有力措施，着力建设吸引和集聚人才的平台，加快形成战略支点和雁阵格局。

当前，我国正在以中国式现代化全面推进中华民族伟大复兴。要牢牢把握建设高水平人才高地的新战略，集聚全球高端人才和创新资源人才，使“中国号”巍巍巨轮不断向着中华民族伟大复兴的目标行进。

第四章 人/才/强/国

建设世界重要人才中心和创新高地

发展是第一要务，人才是第一资源，创新是第一动力。习近平总书记站在统筹中华民族伟大复兴战略全局和世界百年未有之大变局的战略高度，先后在中央人才工作会议上和党的二十大报告中提出加快建设世界重要人才中心和创新高地的战略目标和重大决策部署，为实现高水平科技自立自强，全面建设社会主义现代化国家提供强大人才支撑。

一、建设世界重要人才中心和创新高地的战略意义

加快建设世界重要人才中心和创新高地，既是深入实施新时代人才强国战略的顶层设计，也是强化现代化建设人才支撑的重大举措。当今世界，围绕科技制高点和高端人才的竞争空前激烈，综合国力竞争说到底是人才竞争，建设吸引与集聚全球英才、引领科技创新前沿的重要人才中心和创新高地，对赢得全球人才竞争主动至关重要。2021 年 9 月，习近平总书记在中央人才工作会议上提出："深入实施新时代人才强国战略，全方位培养、引进、用好人才，加快建设世界重要人才中心和创新高地，为 2035 年基本实现社会主义现代化提供人才支撑，为 2050 年全面建成社会主义现代化强国打好人才基础"。

（一）为中国式现代化提供基础性、战略性支撑

党的二十大报告指出，"教育、科技、人才是全面建设社会主义现代化国家的基础性、战略性支撑"，建设世界重要人才中心和创新高地就是运用系统思维、整体思维和协同思维来实现教育、科技、人才统筹发展。在以中国式现代化全面推进中华民族伟大复兴的历史机遇面前，

建设中国特色的人才素质教育体系，全面加大人才对外开放力度，加快推进科技创新发展，建设世界重要人才中心和创新高地，是支撑中国式现代化发展的应有之义。

支撑教育现代化。习近平总书记指出：“我国拥有世界上规模最大的高等教育体系，有各项事业发展的广阔舞台，完全能够源源不断培养造就大批优秀人才，完全能够培养出大师。”真正赢得国际人才竞争主动的是教育竞争力，其中建设世界重要人才中心和创新高地是奠定教育竞争力的组织基础。在建设过程中，长期奋战在科研第一线、具有前瞻意识和开阔视野，以及优秀科研组织能力的科学家在国家重大科技任务中脱颖而出，国家战略人才力量不断壮大，人才自主培养质量得到显著提升，大批一流科技领军人才和创新团队将不断涌现，为实现第二个百年奋斗目标贡献力量。

支撑科技现代化。当前，新一轮科技革命正在重塑全球科技竞争格局。我国正处于政治最稳定、经济最繁荣、创新最活跃的时期，距离实现科技创新现代化的目标已不再遥远。因此，要加快建设世界重要人才中心和创新高地，聚焦“卡脖子”关键核心技术，牵住科技创新现代化的“牛鼻子”，集中全球智力资源持续增强科技创新第一动力，营造开放创新的生态环境，促进百舸争流、千帆竞发的创新成果持续迸发，从而实现科技创新现代化的“关键一跃”。

支撑人才现代化。改革开放40多年来，中国已成为世界人才大国，拥有世界上规模最大的科技人才群体、技术技能人才群体和大学生群体。但从国内看，我国还不是人力资源强国，人才流失、人才结构不合理、人才管理体制机制不完善等现实问题仍然存在；从国际看，国际人才竞争愈发激烈。对此，以习近平同志为核心的党中央前瞻性地布局建设世界重要人才中心和创新高地，以此让人才在国内国际双循环中发挥优势，提高人才自主培养能力并深化国际交流合作。此外，在更好发挥政府作用的同时，使市场在人力资源配置中起决定性作用，实现人才素质现代化、人才管理体制现代化和人才发展环境现代化。

（二）夯实高水平科技自立自强的人才根基

习近平总书记在中国科学院第十九次院士大会、中国工程院第十四次院士大会上指出，“中国要强盛、要复兴，就一定要大力发展科学技术，努力成为世界主要科学中心和创新高地。”历史和实践证明，关键核心技术要不来、买不来、讨不来，只有依靠科技人才的自立自强，才能实现高水平科技的自立自强，才能将关键核心技术牢牢掌握在自己手里，从根本上稳固国家安全底板。目前，我国科技人才在原始创新和自主创新等方面的能力较为薄弱、人才支撑创新驱动发展战略动力不足、科技领域的薄弱环节缺乏高层次创新人才、关键核心技术“卡脖子”等问题亟待解决，产业基础高级化、产业链现代化转型升级对人才的需求日渐紧迫[①]。因此，建设世界重要人才中心和创新高地刻不容缓。

全面激发和释放科技人才自立自强的创新创造活力。贯彻新发展理念，人才支撑科技创新加速效率革命和发展动能转换，突破新技术、

① 罗仲伟、孟艳华：《“十四五”时期区域产业基础高级化和产业链现代化》，《区域经济评论》2020年第1期。

培育新产业、引领新发展。根据党的二十大报告中提出的“推动创新链产业链资金链人才链深度融合”的要求，重点疏解“四链融合”过程中的诸多痛点，强化人才、知识、技术、资金和数据等创新要素的配套支持[①]。在建设世界重要人才中心和创新高地的营创环境下，从人才的培养、引进、使用、流动和激励等环节，全方位激发人才创新创造活力，确保高水平的科技创新自主、安全和可控，以创新链、资金链和人才链的整体优势赢得全球产业链和供应链的优势地位，推动国家科技创新更强动力、更高效率和更优质量发展，形成全面覆盖、重点突出和支撑有力的科技自立自强创新体系[②]。

有力畅通国内人才大循环、促进国内国际人才双循环。党的二十大报告提出“建设世界重要人才中心和创新高地，促进人才区域合理布局和协调发展，着力形成人才国际竞争的比较优势”。科技自立不是闭门造车，自我封闭也实现不了科技自强。只有强化科技人才的国际交流合作，融入全球创新网络，营造开放创新生态，才能在以我为主的前提下，实现与全球领先技术的并跑和领跑。建设世界重要人才中心和创新高地，要紧抓国内人才大循环这一关键，逐步消除人才要素自由流动的制度性限制，使北京、上海和粤港澳大湾区三个高水平人才高地和中心城市人才集聚平台组合形成的人才雁阵格局更加合理，区域人才协同发展成效显著提升，适宜全球人才高品质生活、高效率流动和高水平创新的国际化、市场化和法治化环境更具全球竞争力，国际科技交流合作更

① 胥彦玲、肖雯：《构建“四链”深度融合的开放创新生态》，《光明日报》2022年12月1日第16版。

② 任晓刚：《夯实科技自立自强的人才根基》，《人才资源开发》2021年第5期。

高质量发展，对关键领域的世界优秀人才形成更强吸引力，在高水平科技自立自强上取得更大突破。

（三）形成人才国际竞争的比较优势

人才国际竞争是国家综合实力竞争的聚焦点，也是国际战略博弈的主要战场。着力形成人才国际竞争的比较优势是党的二十大报告提出的“强化现代化建设人才支撑”的战略方向，也是加快建设世界重要人才中心和创新高地的关键目标①。自2020年疫情发生以来，越来越多的国家着力追求产业链和供应链的完整化和本土化，人才引领发展的战略地位受到各国前所未有的重视，国家间日益激烈的“抢人大战”进入白热化阶段，我国的全球引才行动面临巨大挑战②。根据欧洲工商管理学院（INSEAD）和美国波图兰研究所（Portulans Institute）联合发布的《2021年全球人才竞争力指数》报告，我国的全球人才竞争力排名连续四年上升，2021年上升至第37位，首次跻身全球前40位。进一步分析指数得分情况发现，我国在大规模的正规教育和终身学习等指标上表现亮眼，但在吸引和留住人才领域短板明显，排名仅为全球第78位，远远落后于其他指标项的排名。落后既是挑战也是机遇，加强全球人才吸引和集聚能力产生的边际效益，足以推动中国人才竞争力实现整体跃升。

回顾人类历史上世界科学中心的五次转移，无论是意大利文艺复

① 蔡秀萍、吴江：《为中国式现代化强化人才支撑》，《中国人才》2022年第11期。
② 陈丽君：《如何迎接新一轮全球人才竞争》，《光明日报》2021年2月21日第7版。

兴的思想解放火焰，还是英国资产阶级革命释放的先进生产力和法国早期科学启蒙，抑或是德国健全的科教与成果转化体制与美国开放的人才成长环境和公私合作的科研体制，其背后都反映出教育、科技、人才三者协同作用于人才中心和创新高地的催化聚变作用。落实以习近平同志为核心的党中央关于做好新时代人才工作的系列战略部署，我国建设世界重要人才中心和创新高地将始终坚持党管人才，持续加强科研尤其是基础研究的投入，深化人才发展体制机制改革，实行更加开放的人才政策，加快高层次人才储备，打造具有全球竞争力的开放创新生态，进而形成国家战略人才力量比较优势、全球人才高地比较优势、人才自主培养比较优势、全球智慧资源和创新要素为我所用的比较优势以及高质量人才发展体制机制比较优势五大中国式人才国际竞争比较优势[①]。

① 吴江、蓝志勇：《营造创新人才脱颖而出的治理新生态》，《西南交通大学学报（社会科学版）》2021 年第 4 期。

二、建设世界重要人才中心和创新高地的重大部署

习近平总书记在中央人才工作会议上对我国加快建设世界重要人才中心和创新高地作出重大部署，提出“在北京、上海、粤港澳大湾区建设高水平人才高地，一些高层次人才集中的中心城市也要着力建设吸引和集聚人才的平台”的具体思路，并进一步明确：到 2025 年，在关键核心技术领域拥有一大批战略科技人才、一流科技领军人才和创新团队；到 2030 年，在主要科技领域有一批领跑者，在新兴前沿交叉领域有一批开拓者；到 2035 年，国家战略科技力量和高水平人才队伍位居世界前列。“3+N”的空间战略布局和 3 个重要节点的目标，为我国加快建设世界重要人才中心和创新高地明确“路线图”和“时间表”，对于实现 2035 年我国进入创新型国家前列和建成人才强国的战略目标意义重大。

（一）打造高水平人才高地

1. 北京

在北京建设高水平人才高地和国际科技创新中心，是北京立足新发

展阶段、贯彻新发展理念、融入新发展格局、推动高质量发展，率先基本实现社会主义现代化的重要支撑。得益于国家科教创新资源高度集聚的战略布局，北京建设高水平人才高地的本底优势深厚：拥有全国占比超过 1/5 的顶尖高校、1000 多家科研院所和 128 家国家重点实验室，“高被引科学家”数量超过美国硅谷。此外，北京还拥有近 3 万家高新技术企业、280 余家国家级专精特新“小巨人”企业和 90 余家全球独角兽企业，雄厚的科技创新能力在“国际科技创新中心指数 2021”榜单中位列第四。2021 年 11 月 15 日，北京市委召开人才工作会议。会议提出，北京要以国家战略人才力量为主线，以首善标准抓好人才工作，力争率先建成高水平人才高地，为我国建设世界重要人才中心和创新高地提供战略支撑。

首都人才工作事关强国战略全局。依托国家确定的战略定位和国家重大战略需求，北京对建设高水平人才高地的重点任务进行了系统部署。一是把建设战略人才力量作为人才高地建设的重中之重来抓。聚焦战略科学家这个“关键少数”，通过引进、遴选和培养，形成战略科学家成长梯队。围绕人工智能、量子信息、区块链、生物技术“四个占先”和集成电路、关键新材料、通用型关键零部件、高端仪器设备“四个突破”等关键核心技术，集聚和支持一批科技领军人才和创新团队。同时，把青年科技人才置于政策重心，建立人才早期发现和跟踪培养机制。二是继续加强人才自主培养。通过国家战略科技力量等重大科技创新平台培养人才，建好国家实验室，推进新型研发机构发展。发挥高校培养人才主阵地作用，支持高校建设高精尖创新中心、开展基础研究人才专项试点。突出企业承载创新人才的主体地位，支持行业领军企业牵头组建创新联合体，推进重大科技项目向企业开放。三是推动人才高水平对外开放。深化国际人才交流合作，参与和发起国际大科学计划，推动在京大科学装置和科技基础设施面向全球开放共享。积极引进海外人才，支持人才“走出去”。四是深化人才发展体制机制改革。赋予用人主体在编制使用、岗位评聘、科研经费管理等方面更大自主权，赋予科学家更大路线决定权、经费支配权和资源调配权，完善科研任务“揭榜挂帅”“赛马”制度，健全试错容错纠错机制。为有效推进各项重点任务，必须加强党对人才工作的全面领导，坚持党管人才的工作格局，健全“一把手”抓“第一资源”的工作机制。加强对人才的政治引领和服务保障工作，进行高品质人才社区建设，切实解决好人才实际困难。①

2. 上海

在上海建设高水平人才高地的战略布局，是我国加快建设创新型国家和全面建成社会主义现代化强国的内在需求，也是上海实现高质量发展、创造新奇迹、展现新气象的必由之路。面向建设具有世界影响力的社会主义现代化国际大都市的时代使命，上海大力实施人才引领发展战略，引才、聚才政策取得显著成效。根据《2022上海科技进步报告》，截至2022年底，上海累计核发《外国人工作许可证》37万余份，其中外国高端人才的为7.1万余份。上海的外国人才数量和高端人才总量，均居中国内地第一。2022年6月9日，上海市人才工作领导小组会议召开，审议了《加快建设高水平人才高地的实施方案》以及有关工作细

① 《北京加快建设高水平人才高地》，《人民日报》2021年10月3日第2版。

则，为新时代上海人才工作的开展提供了科学的行动指南。

把建设高水平人才高地作为上海人才工作的总抓手、总牵引，努力打造我国世界重要人才中心和创新高地建设的重要战略支点，在人才强国雁阵格局中发挥“头雁效应”，带动全国加快形成人才资源竞争优势。上海从五个方面全力推动党中央人才工作部署的落地落实。一是充分发挥开放引才的综合优势，大力吸引集聚海外高层次人才。实施海外高层次人才引进计划，建设世界一流创新创业平台，集成、放大、用好上海软环境优势，强化重点人才工程的统领作用，加强国际协调创新合作。二是率先开展人才发展体制机制综合改革试点。突破海外人才引进制度，向用人主体充分授权，取消涉及内部编制统筹、岗位聘用管理、日常经费使用等方面的不合理限制，加快建立以信任为基础的科研管理方式和人才使用机制等。三是加快建设战略人才力量。面向战略科学家、科技领军人才队伍和青年科技人才队伍等群体实施专项行动，全方位支持发展国家实验室、国家科研机构等战略科技力量，对基础研究给予长期稳定支持。四是着力厚植人才培养根基。加快建立拔尖创新人才早期培养机制，深化高考改革、加强高校学科建设，加大产教融合力度。五是持续优化对人才的精准服务。提升人才服务的标准化、数字化和个性化，加大保障性租赁住房、教育和医疗等服务力度。①

3. 粤港澳大湾区

粤港澳大湾区建成高水平世界人才高地，高度契合国家对大湾区

① 中共上海市委：《加快建设高水平人才高地》，《求是》2021年第24期。

建设与发展的战略定位。2019 年 2 月，中共中央、国务院印发《粤港澳大湾区发展规划纲要》，对大湾区提出了建设充满活力的世界级城市群、具有全球影响力的国际科技创新中心、“一带一路”建设的重要支撑、内地与港澳深度合作示范区和宜居宜业宜游的优质生活圈五大战略定位。建设高水平人才高地，要为实现五大战略提供专业化和高层次的人才支撑。2021 年 11 月 1 日，广东召开省委人才工作会议，提出以粤港澳大湾区建设高水平人才高地为牵引，开创新时代人才强省建设新局面，释放发展潜力后劲、塑造粤港澳大湾区发展新优势。

广东扭住“五大工程”精准发力。一是实施战略人才锻造工程，壮大支撑科技自立自强的重要力量。着力构建战略科学家成长梯队，打造一流科技领军人才和创新团队，造就具有国际竞争力的青年科技人才队伍。二是实施人才培养强基工程，全面提升人才供给自主可控能力。发挥高校人才培养主阵地作用、企业承载创新人才主体作用和重大人才工程牵引作用，推动各类人才茁壮成长。三是实施人才引进提质工程，集聚全球人才为我所用。精准链接全球一流人才，优化引才路径，加快建设高水平多层次聚才平台。四是实施人才体制改革工程，全方位释放人才创新创造活力。充分向用人主体授权，突出实绩，完善人才评价体系，构建具有全球竞争力的人才制度体系。五是实施人才生态优化工程，营造拴心留人的人才发展环境。打造尊重人才、求贤若渴的社会环境，公正平等、竞争择优的制度环境和待遇适当、保障有力的生活环境，厚植人才发展沃土。[①]

① 《实施“五大工程”建设人才强省》，《南方日报》2022 年 10 月 10 日第 7 版。

（二）建设人才集聚平台

人才集聚平台是建成人才强国的重要战略支点。根据国家战略需求和区域特色，着力集聚高端人才、创新资源，在若干战略领域和高端产业形成独特优势，成为建设世界重要人才中心和创新高地的重要承载区、人才宜居宜业示范区和区域中心。要坚持全国一盘棋，综合考虑经济发展水平、人才队伍规模质量、科技创新能力和基础设施建设等因素，分别在东部、中部、西部和东北地区的中心城市先期布局建设特色鲜明、优势互补、协同发展的人才集聚平台。

东部地区人才集聚平台，立足建设支撑东部地区加快推进现代化重要引擎的功能定位，发挥创新资源集聚、产业基础雄厚、体制机制灵活等优势，加强与国际规则对接，形成高效汇聚全球高端人才、资本、技术等创新要素的政策和制度环境，吸引培育高精尖缺产业人才，成为全国科技和产业创新开路先锋。以杭州推进城西科创大走廊建设，打造全球创新策源地和争创综合性国家科学中心的建设行动为例，《杭州城西科创大走廊发展“十四五”规划》提出要构建“一个平台、一个主体、一体化管理”的体制架构，突破大走廊在管理体制上的瓶颈；聚焦本土优势，打造数字科技产业集群和战略性新兴产业集群两个“世界级”产业集群，积极布局“国家实验室＋国家大科学装置＋国家重点实验室＋省实验室”的新型实验室体系；围绕西湖大学城，启动打造“科学家之城”；等等。区域人才优势正在推动杭州快速形成规模化的生产力优势。

中部地区人才集聚平台，立足建设带动中部地区加快崛起引领城市的功能定位，发挥综合交通运输枢纽、资源要素丰富、市场潜力大等优势，集聚各类高端人才创新创业，积极优化产业布局，构建以先进制造业为支撑的现代产业体系，提高人才引领关键领域自主创新能力，打造人才促进发展的重要增长极。武汉正在建设具有全国影响力的科技创新中心，全方位打造人才活力之城。引才上，立足丰富的科教资源禀赋，创造“大学+”的发展新模式，引进国际高端人才、集聚产业领军人才、吸引青年大学生，以及感召楚才楚商回汉；用才上，主动向用人主体放权，建立“1+1+N”的人才改革制度体系，在人才评价、支持、流动、激励和使用环节给予充分保障；留才上，努力培育“热带雨林式”生态新优势，树立“大人才观”、链接多元化金融血脉、构建广覆盖创梦舞台、强化“店小二”优质服务等举措，为武汉“五个中心”（全国经济中心、国家科技创新中心、区域金融中心、国家商贸物流中心、国际交往中心）建设提供人才支撑。

西部地区人才集聚平台，立足建设支撑西部大开发形成新格局支点城市的功能定位，发挥先进制造人才聚集的战略大后方等优势，做强国防科技工业实力，依托重点项目、重点工程、特色产业吸引集聚人才，积极建设与“一带一路”沿线国家人才交流合作的战略支点。以成都为例，为唱好成渝“双城记”和建设公园城市示范区等国家重大战略布局提供坚实人才保障，成都围绕人才队伍打造、创新平台建设和政策支撑等重点任务精准发力，努力打造一支涵盖科技创新、产业发展、城市治理、乡村振兴等领域，数量充沛、结构合理、素质优良的创新人才队伍，抢抓成渝综合性科学中心和西部（成都）科学城建设的战略机遇，建设一批战略科技创新、技术和产业创新平台以及科技服务中介和孵化转化平台，构建一套更具吸引力的人才管理、激励和评价政策制度体系。

东北地区人才集聚平台，立足建设引领带动东北振兴取得新突破枢纽城市的功能定位，以重大技术装备制造业人才为重点，发挥工业门类齐全、装备制造业和原材料工业实力雄厚等优势，推进创新生态和营商环境建设，着力吸引人才集聚回流，着力打造面向俄罗斯、日本、韩国等东北亚国家人才交流合作集聚地。以沈阳为例，聚焦主导产业和战略性新兴产业招才引智，促进紧缺急需人才加速向沈阳聚集。多措并举培育人才，大力实施博士后培养工程、中青年科技英才培养工程，扎实做好技能人才平台建设工作。积极优化完善人才政策体系，出台“人才新政 3.0”配套实施细则，优化人才发展环境，留住人才。推进人才供给侧结构性改革，使用好人才，充分保障用人单位在人才各环节的自主权，分类推进技能人才评价机制改革。围绕“5+3+7+5”20 条重点产业链构建人才链，鼓励以“带土移植”方式引进“项目 + 团队”，推动人力资源服务业发展，有序推动人才管理体制机制改革，为人才集聚提供政策保障。

三、建设世界重要人才中心和创新高地的科创载体

习近平总书记在中央人才工作会议上提出建设世界重要人才中心和创新高地所需的重要科创载体，明确“集中国家优质资源重点支持建设一批国家实验室和新型研发机构，发起国际大科学计划，为人才提供一流的创新平台，加快形成战略支点和雁阵格局”。科技创新载体是构建国家科技创新体系的基础设施，战略性的大科学装置和国家重点实验室更是国之重器，是支撑创新要素集聚、推进高水平科技自立自强的战略高地，也是颠覆性新技术新产业新业态的策源地。只有前瞻性和系统性地布局科创基础设施，才能推动我国在基础研究和原创性、引领性的关键核心技术攻关上取得更大突破，赢得新科技革命和产业革命的战略机遇。

（一）建设以国家实验室为引领的实验室体系

聚焦重大创新领域，着力打造以国家实验室为主轴，以各级重点实验室、企业实验室、各类专业实验室为支撑的实验室体系，集聚和培养高水平人才和创新团队。国家实验室以重大科研任务为牵引，有效吸

引国内外生命科学、能源科学、网络安全、光子微纳电子、脑科学与生物医药、人工智能、网络与通信、呼吸系统疾病防控、量子科学等领域一流人才。正在布局建设的国家实验室，在人才培养和创新团队建设上提出更加明确的目标任务和举措，特别是在为年轻科学家成长创造良好环境、造就一批领军人才和科技帅才上有更大作为，使国家实验室成为尖端科研人才的种子队、孵化器。

（二）建设高水平大学

推进高校分类管理和综合改革，集中办学资源要素，突出优势特色，优化学科建设布局，加快构建一流大学体系，着力提升高校原始创新能力和高层次人才培养能力。在北京、上海、天津、南京、武汉、西安等高水平大学集中城市率先建成一批中国特色世界一流大学和一流学科，引进大批世界一流的教育家、科学家和创新团队，发现、识别和培养具有世界级科学大师潜力的科学家。

（三）建设国际一流科研机构

着眼于高端人才的培养、引进和使用，布局建设一批支撑国家战略需求和服务产业发展的科研机构。把优势科研力量配置到重大原始创新、基础研究和关键核心技术攻关上，形成一批优势特色明显、梯次结构合理、充满创新活力的高水平研究队伍和创新团队。积极探索现代科学研究体制，建立新型研发机构。当前，北京建设了量子信息科学研究院、智源人工智能研究院、微芯区块链与边缘计算研究院等，上海建设了量子科学研究中心、脑科学与类脑研究中心等，粤港澳大湾区建设了国家纳米科技创新研究院、集成电路与系统应用研究院等新型研发机构，集聚了一大批开展引领性、原创性、颠覆性研究的高水平人才。

（四）建设一流科技领军企业

聚焦战略性新兴产业，培育一批世界级科技领军企业，为打造原创技术“策源地”和现代产业链“链长”企业，培养造就一批具有国际顶级水平的科技人才和团队。依托科技领军企业，布局建设一批技术创新中心、产业创新中心、制造业创新中心、工程研究中心等创新基地以及标准技术和认证认可中心，建设若干科技成果转移转化机构，支持民营企业创建企业研究院，集聚和孵化原始创新人才、关键核心技术攻关人才、卓越工程师、大国工匠。支持海外高端人才在北京、上海、粤港澳大湾区创办“独角兽”企业、专精特新“小巨人”企业、制造业单项冠军企业，支持建设跨国公司地区总部。

（五）建设世界级重大科技基础设施集群

将世界级重大科技基础设施作为国家创新高地建设的核心内容。根据区域特色和优势资源，充分发挥各地区在不同学科领域的作用和影响力，以“谋划一批、建设一批、运行一批”的原则，形成以北京、上海和粤港澳大湾区为中心的多个区域性重大科技基础设施集群，为国家原始创新、科研攻关、人才集聚和国际合作提供高水平科技创新载体。北京正在加快建设 5 个国家重大科技基础设施、11 个科教基础设施和 13 个交叉研究平台，截至 2022 年底，在怀柔科学城工作和生活的科研人员超过 5000 人，硕士生和博士生超过 1 万人。上海已建和在建的国家重大科技基础设施已达 14 个，设施数量、投资金额和建设进度全国领先，吸引和造就一批具有国际水平的战略科技人才和领军科技人才。落户粤港澳大湾区综合性国家科学中心的散裂中子源国家重大科技基础设施，已吸引超过 400 名中科院高端科研人才常驻东莞，集聚了大批国内外科学家和工程技术人员开展联合科学研究和技术攻关，二期工程可行性研究报告已获得国家发展改革委批复，将持续推动粤港澳大湾区高校、科研院所的学科建设和人才培养达到世界一流水平。

第五章 人/才/强/国

加快建设国家战略人才力量

习近平总书记在中央人才工作会议上指出："战略人才站在国际科技前沿、引领科技自主创新、承担国家战略科技任务，是支撑我国高水平科技自立自强的重要力量，要把建设战略人才力量作为重中之重来抓。"党的二十大报告对加快建设国家战略人才力量作出重要部署，提出"努力培养造就更多大师、战略科学家、一流科技领军人才和创新团队、青年科技人才、卓越工程师、大国工匠、高技能人才"的目标要求。建设国家战略人才力量是支撑现代化建设的决定因素和首要任务，需要我们从理论和实践上准确把握其内涵与实现路径。

一、强化现代化建设人才支撑的重中之重

党的二十大报告提出“实施科教兴国战略，强化现代化建设人才支撑”，凸显了人才工作在实现第二个百年奋斗目标新征程起跑阶段的地位和作用。当前，围绕科技创新人才制高点的竞争空前激烈，在全面建设社会主义现代化国家新征程上，加快建设战略人才力量，是强化现代化建设人才支撑的重中之重。

（一）准确把握国家战略人才力量的内涵与外延

国家战略人才力量，是党中央继提出国家战略科技力量之后，首次明确对国家科技创新人才队伍的战略新定位，具有特定的政策含义。提出这一新的定位，意义在于打破原有的以行业和职业静态划分人才队伍类别的传统做法，明确以国家战略需求为导向的人才分类新理念。其目的是通过强化科技创新人才在实现高水平科技自立自强中的引领驱动作用，重塑国家战略科技力量的新格局，形成诸多领域人才国际竞争的比较优势，建设世界主要科学中心、重要人才中心和创新高地，为中国式现代化建设提供战略支撑。

对于国家战略人才力量的内涵和外延，目前从国内外文献研究看，并没有一个清晰的概念定义和基本共识。从政策研究角度界定，其内涵可以理解为：国家战略人才力量特指服务于国家战略需要的各层次科技创新人才，也是国家战略科技力量的主体。他们由国家统一规划，并获得政策支持，主要从事国际科技前沿基础研究、原创性引领性科技攻关、关键核心技术自主创新，承担具有战略性全局性前瞻性的国家重大科技项目，是国家科研机构、高等院校、战略新兴产业、科技领军企业形成协同优势与系统集成的重要力量。其外延是党的二十大提出的大师、战略科学家、一流科技领军人才和创新团队、青年科技人才、卓越工程师、大国工匠、高技能人才七类人才。既包括现有科技创新人才的存量，又包括自主培养的潜在各类人才增量，还包括全球高端战略人才和创新资源的流量集聚。

（二）建设国家战略人才力量是推动高质量发展的迫切需求

科技是第一生产力，人才是第一资源，创新是第一动力。高质量发展是体现新发展理念的发展，是创新成为第一动力的发展，人才引领驱动现代化建设本质上是通过人才创新推进中国式现代化。高质量发展需要高素质人才，高素质人才推进高质量发展。2021 年，我国人力资本对经济增长的贡献率达到 36.8%，其中人才贡献率达到 34.5%。[①] 我国

① 王成斌：《让人才发展现代化成为中国式现代化的活力源泉》，《光明日报》2023 年 1 月 15 日第 7 版。

人才工作在决胜全面建成小康社会进程中取得显著成效，科技创新正从量的积累迈向质的飞跃，从点的突破向系统能力提升。同时要注意到，我国的总体创新能力还不强、关键领域核心技术还受制于人，科技发展仍面临严峻的外部挑战。这就迫切需要引育具有创新能力、面向尖端技术的战略科技人才。在加快构建以国内大循环为主体、国内国际双循环相互促进的新发展格局背景下，建设现代化的经济体系，推动产业链升级和供应链安全稳定，建设国家战略人才力量是关键一环。党的二十大报告指出，要强化现代化建设人才支撑，明确了人才在全面建设社会主义现代化国家中的基础性、战略性支撑作用。因此，打造国家科技创新主力军，突破关键核心技术，以科技创新催生发展新动能，推动高质量发展，是全面建设社会主义现代化国家的应有之义。

（三）建设国家战略人才力量是实现科技自立自强的关键举措

现代科学研究是一项系统性复杂性极强的活动，科学研究范式和工具不断变革，科技创新的深度加大、广度加深，多学科交叉、多领域融合，成为“大科学时代”的显著标志。以新一代信息技术为引领，生命科学、先进制造、新能源、新材料等相关领域不断交叉融合，颠覆性技术不断出现，全球范围内的人才争夺愈加激烈，战略人才力量的竞争尤甚。当前，美国越来越将人才竞争定义于遏制别人的发展，越来越将人才竞争界定在全面的“防、打、压”的安全范畴。因此，我国将长期面临日益恶化的科技和人才竞争环境。为应对科技革命和产业变革的加速演进，打破欧美国家在科技领域对我国的恶意打压，加快建设国家战略人才力量、提升科技创新能力是关键一招。我国亟须强化国家主导，健全新型举国体制，在战略科技领域谋划人才资源的统筹和配置，打造一支能够面向世界科技前沿的创新人才队伍，突破关键领域核心技术和“卡脖子”技术，提高我国国家科技创新体系化能力，实现科技自立自强。

创新驱动的实质是人才驱动。2016 年 5 月 30 日，习近平总书记在全国科技创新大会、两院院士大会、中国科协第九次全国代表大会上发表重要讲话，发出建设世界科技强国的号召，掀开了中国科技改革发展新的历史篇章。党的十九届五中全会审议通过的《中共中央关于制定国民经济和社会发展第十四个五年规划和二〇三五年远景目标的建议》强调，要“坚持创新在现代化建设全局中的核心地位，把科技自立自强作为国家发展的战略支撑，面向世界科技前沿、面向经济主战场、面向国家重大需求、面向人民生命健康，深入实施科教兴国战略、人才强国战略、创新驱动发展战略，完善国家创新体系，加快建设科技强国”。建设科技强国，需要以人才强国为先决保障，发挥人才第一资源作用。作为科技创新的主力军和第一梯队，战略人才站在国际科技前沿、引领科技自主创新、承担国家战略科技任务，是支撑我国高水平科技自立自强的重要力量。在全球科技发展的关键机遇期，加快建设国家战略人才力量，能够推动我国紧跟当前科技变革的世界潮流，突破关键核心技术领域的桎梏，抢占前沿科技制高点，进而为建设世界科技强国奠定重要人才基础。

（四）建设国家战略人才力量是形成人才国际竞争比较优势的有效途径

建设世界重要人才中心和创新高地，关键在于培养集聚全球高端人才。当前，我国正在建设世界重要人才中心和创新高地，其实现的根本路径在于提升人才质量，建设一支战略定位高、创新能力强、掌握关键核心技术、梯队合理的战略人才队伍。通过在全球范围内吸引人才，强化人才自主培养，形成以大师、战略科学家、一流科技领军人才和创新团队、青年科技人才、卓越工程师、大国工匠、高技能人才为核心的人才队伍，推动形成人才结构优化、梯度配置合理的队伍格局，强化科研攻关能力。同时，随着我国科技创新实力的提升，人才集聚平台的增加和优化，还将充分吸引来自全球范围内的高科技人才，进一步夯实我国世界重要人才中心和创新高地的建设。

党的二十大报告明确了到2035年我国进入创新型国家前列、建成人才强国的战略目标。人才资源，尤其是高层次创新人才的快速增长，是推动现代化发展最直接和最重要的力量。新时代实施人才强国战略，关键在于不断增强我国人才队伍创新能力、竞争能力、自我孕育能力，塑造与创新驱动和高质量发展相协同的人才工作体系。习近平总书记在中央人才工作会议上指出：“到2035年，形成我国在诸多领域人才竞争比较优势，国家战略科技力量和高水平人才队伍位居世界前列。”党的二十大报告关于人才队伍培养更加聚焦于科技与创新人才，将创新人才队伍建设置于推动高质量发展和社会主义现代化建设的重要地位。这充分说明，新时代实施人才强国战略的核心在于建设一支引领科技前沿的人才队伍。国家战略人才力量面向世界科技竞争，是科技创新的“冲锋者”，更是形成人才竞争比较优势的关键群体。建设国家战略人才力量必然成为新时代实施人才强国战略的核心环节，成为建成人才强国的突破口和着力点。

二、加快建设国家战略人才力量的新战略、新布局

党的十八大以来，以习近平同志为核心的党中央围绕“人才是实现民族振兴、赢得国际竞争主动的战略资源”这一重大判断，着力打造支撑建设社会主义现代化国家的战略人才队伍，推出一系列新战略，进行一系列新布局，取得诸多历史性成就。

（一）规划引领打造国家战略人才队伍

2010 年，中共中央、国务院颁布《国家中长期人才发展规划纲要（2010—2020 年）》（以下简称《纲要》），这对于加快转变我国经济发展方式、实现全面建设小康社会奋斗目标具有重大意义。《纲要》提出，以高层次创新型科技人才为重点，努力造就一批世界水平的科学家、科技领军人才、工程师和高水平创新团队，注重培养一线创新人才和青年科技人才，建设宏大的创新型科技人才队伍。同时强调，要组织实施创新人才推进计划、青年英才开发计划、海外高层次人才引进计划、国家高技能人才振兴计划等 12 项重大人才工程。

按照《纲要》设定的目标定位，围绕培养和造就高层次科技创新人

才开展了大量卓有成效的工作，凝聚了一批高水平的领军人才和创新团队。例如，入选创新人才推进计划的科技创新创业领军人才和团队负责人中，近 1/4 承担过国家重大专项，60% 的入选者承担过国家重点研发计划项目和省部级项目，80% 的入选者获得过国家自然科学基金的支持。截止到 2020 年，入选者中已有 50 多人当选为两院院士，有 112 人荣获 2018 年度国家科学技术奖。[①] 在《纲要》的引领下，各级政府、部门和事业单位相继推出人才工程和人才计划，不断壮大人才队伍。例如，中国科学技术协会设立"青年人才托举工程"、中国科学院于 2016 年部署"前沿科学重点研究计划"等，极大推动了战略人才队伍的成长。此外，对青年科技人才的支持力度也不断增强，各种政策、项目不断向青年人才倾斜。例如，国家重点研发计划在纳米科技等基础前沿类重点专项中专门设立青年科学家项目。从 2016 年至 2020 年，共支持项目 235 项，国拨经费约 8.74 亿元，平均支持强度 372 万元。[②]

2022 年 4 月 29 日，中共中央政治局召开会议，审议了《国家"十四五"期间人才发展规划》（以下简称《规划》）。《规划》指出，要大力培养使用战略科学家，打造大批一流科技领军人才和创新团队，造就规模宏大的青年科技人才队伍，培养大批卓越工程师。在中央的规划引领下，各地方、各部门的人才规划相继出台。2022 年 5 月辽宁省委印发《辽宁省"十四五"人才发展规划》，2022 年 8 月国家卫生健康委印发《"十四五"卫生健康人才发展规划》等，形成全方位的

① 中华人民共和国科学技术部：《中国科技人才发展报告 2020》，科学技术文献出版社 2021 年版，第 39 页。

② 中华人民共和国科学技术部：《中国科技人才发展报告 2020》，科学技术文献出版社 2021 年版，第 41 页。

人才发展规划体系。

（二）深化国家战略人才力量的体制机制改革

2016 年 3 月 21 日，中共中央印发的《关于深化人才发展体制机制改革的意见》强调，“要改进战略科学家和创新型科技人才培养支持方式。更大力度实施国家高层次人才特殊支持计划（国家‘万人计划’），完善支持政策，创新支持方式。构建科学、技术、工程专家协同创新机制。建立统一的人才工程项目信息管理平台，推动人才工程项目与各类科研、基地计划相衔接。按照精简、合并、取消、下放要求，深入推进项目评审、人才评价、机构评估改革。”各地根据自身需求，打造独具特色的人才发展生态。湖北推出 10 条措施支持战略科技人才后备力量，如搭建院士专家交流平台、打造更具竞争力的事业发展平台、给予必要资助支持等；湖南赋予科技领军人才和青年创新人才以更大的科研自主权和经费使用权，充分调动人才的积极性。

为进一步深化体制机制改革，为人才减负，保证广大科技人才的科研创新精力，2018 年 12 月，科技部、财政部、教育部、中科院联合印发《贯彻落实习近平总书记在两院院士大会上重要讲话精神开展减轻科研人员负担专项行动方案》，在全国范围内部署开展减轻科研人员负担 7 项行动（简称“减负行动 1.0”）。2020 年 10 月，科技部、财政部、教育部、中科院再次联合印发《关于持续开展减轻科研人员负担　激发创新活力专项行动的通知》（简称“减负行动 2.0”），针对科技成果转化、科研人员保障激励等方面暴露出的一些问题，再次发力。2022 年 8 月，为落实中央人才工作会议精神和科技体制改革三年攻坚方案任务部署，科技部、财政部、教育部、中科院、自然科学基金委联合印发《关于开展减轻青年科研人员负担专项行动的通知》（简称“减负行动 3.0”），着力解决青年科研人员面临的崭露头角机会少、成长通道窄、评价考核频繁、事务性负担重等突出问题，保障青年科研人员将主要精力用于科研工作，充分激发青年的创新潜能与活力。为优化国家战略人才队伍结构和遴选机制，2022 年 9 月 6 日，中央全面深化改革委员会第二十七次会议审议通过了《关于深化院士制度改革的若干意见》。习近平总书记在主持会议时强调，以完善制度、解决突出问题为重点，提高院士遴选质量，更好发挥院士作用，让院士称号进一步回归荣誉性、学术性。院士制度改革，有利于强化作风学风建设，强化院士科研伦理和学术规范责任，营造良好学术和科研环境。

（三）不断加强国家战略人才力量建设

2012 年，我国启动国家高层次人才特殊支持计划，围绕建设创新型国家的战略部署，遴选自然科学、工程技术和哲学社会科学领域的杰出人才、领军人才和青年拔尖人才，实行特殊政策、特殊支持。截至 2021 年，共遴选支持 6000 余人，其中百余人成长为两院院士，数百名青年人才成长为“长江学者”等高层次人才，极大充实了国家战略人才力量。在各种政策、计划和工程的支持下，我国人才规模迅速扩大。截至 2021 年底，全国技能人才总量超过 2 亿人，高技能人才超过 6000 万人，高技能人才占技能人才的比例达到 30%，研发人员总量稳居世界第一。通过更大力度实施海外高层次人才引进计划，自然科学、工程技术、经济管理、文化艺术等领域的海外高层次人才纷纷涌入中国。我国的全球创新指数排名从 2012 年的第 34 位上升到 2022 年的第 11 位，多个学科领域高水平中国科学家数量增长迅速，进入世界前列。

国家战略人才力量是战略科技力量的重要组成部分，战略科技力量推进战略人才力量建设，二者紧密相连。党的十八大以来，我国相继在北京、上海、粤港澳大湾区打造科技创新中心，持续不断强化战略人才队伍建设。得益于国家支持北京建设国际科技创新中心，北京高层次人才云集，到 2021 年底，北京有两院院士 800 余名，占全国近一半；入选各类国家级人才项目者超过 3000 人、占全国近 1/4；全市专业技术人才总量达 395 万人，技能人才总量达 370.1 万人，其中高技能人才总量达 114.4 万人。上海依托建设具有全球影响力的科技创新中心，对高层次人才的吸引力持续提升。“十三五”期间，在沪两院院士 178 人，居全国第二，领军人才“地方队”培养计划累计 1617 人，东方学者累计 1027 人，曙光学者累计 1338 人，超级博士后激励计划累计 1157 人，青年启明星计划累计 3065 人。在沪工作的外国人才数量逐年提升，引进外国人才的数量和质量均居全国第一。

在国家战略人才队伍建设中，“高被引科学家”是人类探索科技前沿的第一梯队和主力军团，是科技创新策源力迸发的主要依托，塑造着国家科学技术的核心竞争力。“十三五”期间，我国“高被引科学家”数量增速醒目，从 2016 年的 204 人次增长到 2021 年的 1053 人次，5 年增长超4倍，同比保持22%的增速。[①]而美国在2021年虽共有2623人次入围“高被引科学家”名单，在数量上遥遥领先，占名单总人数的39.7%，但较2020年减少27人次，较2019年减少114人次，呈逐年下滑趋势。同时，我国“高被引科学家”的分布与国家战略科技力量布局密切相关。2021年的1053人次“高被引科学家”中，其所属省份位列前十的分别是北京、江苏、上海、广东、香港、湖北、安徽、浙江、山东、陕西，入围数量均超过35人次。其中，国家战略重点区域如京津冀、长三角、粤港澳分别拥有“高被引科学家”288人次、304人次和171人次，占全国“高被引科学家”总人次的72%，[②]凸显了科学家分布与战略科技力量布局之间的关系。

（四）全面布局国家战略人才集聚平台

科技创新平台是深入实施新时代人才强国战略，吸引战略人才力量的重要载体。党的十八大以来，我国集中优势资源加快布局人才集聚平台，持续推进建设500多家国家重点实验室，布局13个国家应用数学研究中心，优化调整形成20个国家科学数据中心、31个国家生物种质和实验材料资源库、98个国家野外科学观测研究站。这些科研基础条件和基础设施建设，为我国科学研究奠定了很好的基础。

在国家总体部署下，各省市相继建立一批战略人才集聚平台。

① 王茜、张宓之：《全球高被引科学家的聚焦领域、分布格局及发展态势》，《科学发展》2022年第10期。

② 王茜、张宓之：《全球高被引科学家的聚焦领域、分布格局及发展态势》，《科学发展》2022年第10期。

“十三五”时期，江苏共有省级以上重点实验室 190 家，其中国家重点实验室 42 家，数量居全国各省份前列。这些重点实验室集聚超过 1 万名科技创新人才，其中两院院士 54 人，5 年来共主持或参与省级以上科技项目 1 万余项，实现成果转让 3281 项，总金额超过 24 亿元，大大增强了江苏科技创新实力，推动了地方经济社会发展。成立于 2017 年的之江实验室，是浙江为深入实施创新驱动发展战略、探索新型举国体制浙江路径的重大科技创新平台。之江实验室组建起一支“领域专精、层次高端、梯队有序”的人才队伍，人才总规模突破 3500 人，其中全职、兼聘院士 20 人，全职引进高层次人才 700 余人，学术带头人近 230 人。此外，之江实验室组建众多科研攻关团队，其中规模在 100 人以上的团队达 15 个，体现出较强的科技创新优势。湖北光谷实验室围绕信息光电子、能量光电子、生命光电子三大领域开展前瞻性研究，形成强大的人才集聚能力，截至 2021 年 9 月，已经集聚 12 位长期奋战在光电子领域科研一线的战略科学家、40 位国家级领军人才、66 位国家级青年优秀人才，形成以战略人才为核心的人才成长梯队。

（五）着力瞄准全球科技前沿，占领创新制高点

党的十八大以来，我国科技创新实力逐渐增强，国家战略人才效能持续释放。当前，我国在量子信息、干细胞、脑科学等前沿方向上取得一批重大原创成果，在深空、深地、深蓝等领域积极抢占科技制高点，一大批重大科技成果竞相涌现：从中国天眼到“悟空号”“墨子号”，从“天问”探火星到“嫦娥”登月球、从“神十三”和“天和”核心舱成

功对接到“深海勇士号”“奋斗者号”“海斗一号”等研制成功，都离不开国家战略人才把握大势、抢占先机，自觉履行实现高水平科技自立自强的职责使命。

为持续抢占全球科技前沿制高点，加快建设科技强国、人才强国，《中华人民共和国国民经济和社会发展第十四个五年规划和2035年远景目标纲要》将量子信息、光子与微纳电子、网络通信、人工智能、生物医药、现代能源系统等作为重大创新领域进行重点规划，并对未来战略人才建设进行深度布局。强调贯彻尊重劳动、尊重知识、尊重人才、尊重创造方针，深化人才发展体制机制改革，全方位培养、引进、用好人才，充分发挥人才第一资源的作用。

三、加快建设国家战略人才力量的新思路、新举措

党的十八大以来，以习近平同志为核心的党中央提出诸多加快建设国家战略人才力量的新思路、新举措，赋予国家战略人才力量以新的内涵。从人才存量角度看，战略人才是国家战略科技力量的重要组成部分，专指站在国际科技前沿、引领科技自主创新、承担国家战略科技任务的科技人才，是支撑我国高水平科技自立自强的重要力量；从人才增量角度看，高水平科技自立自强需要培养高质量的战略人才，培养战略人才是教育、科技、人才工作系统集成的过程，也是全方位培养选拔和动态储备人才的过程，这正是党的二十大报告提出的培养造就更多大师、战略科学家、一流科技领军人才和创新团队、青年科技人才、卓越工程师、大国工匠、高技能人才的更宽视野；从人才流量角度看，建设世界重要人才中心和创新高地，形成人才国际竞争比较优势，必然要实施更加开放的人才战略，集聚全球高端战略人才和创新资源。

（一）着力健全战略人才发挥作用的新型举国体制

新型举国体制既要发挥社会主义制度集中力量办大事的显著优势，

加强党对重大科技创新的领导；又要充分发挥市场和社会组织的作用，围绕国家战略需求优化配置战略人才资源。新时代新型举国体制有了新的核心任务——关键核心技术攻关，其目标定位是在若干重要领域形成竞争优势、赢得战略主动。突破关键核心技术，必须大力发挥国家战略人才的作用，健全关键核心技术攻关新型举国体制，深化人才发展体制机制改革。

一是加强党对国家战略人才的领导。坚持党对人才工作的全面领导，坚持党管人才，是做好人才工作的根本保证。坚持党管人才，就是把党对人才工作的全面领导贯穿在人才工作的全过程各领域，把党的政治优势转化为人才发展优势。习近平总书记在中央人才工作会议上强调："党管人才就是党要领导实施人才强国战略、推进高水平科技自立自强，加强对人才工作的政治引领，全方位支持人才、帮助人才，千方百计造就人才、成就人才，以识才的慧眼、爱才的诚意、用才的胆识、容才的雅量、聚才的良方，着力把党内和党外、国内和国外各方面优秀人才集聚到党和人民的伟大奋斗中来，努力建设一支规模宏大、结构合理、素质优良的人才队伍。"

二是持续深化科技人才评价改革。党中央、国务院着眼于破除束缚人才发展的思想观念和体制机制障碍，解放和增强人才活力，先后印发《关于深化人才发展体制机制改革的意见》《关于分类推进人才评价机制改革的指导意见》《关于开展科技人才评价改革试点的工作方案》等文件，持续赋予战略科技人才、创新领军人才更大人财物支配权、技术路线决定权。同时，进一步提升对青年人才的支持力度，实行以增加知识价值为导向的激励机制，为进一步释放人才活力，提升科技人才效能和创新创造能力奠定基础。

三是推动科技人才创新资源配置。充分发挥国家实验室、国家科研机构、高水平研究型大学、科技领军企业的“国家队”优势，逐渐建立起“卡脖子”关键核心技术攻关人才特殊调配机制。发挥政府、市场、社会在人才资源配置中的协同作用，各区域根据功能定位和区位优势，制定实施专项行动计划，跨部门、跨地区、跨行业、跨体制调集科技领军人才和创新团队，组建攻坚团队。创新资源向青年人才的倾斜力度要继续加大，充分发挥青年人才在科研实践中的作用，提升青年科技人才的创新创造能力。在事关国家经济社会发展的重点领域、核心产业，组织产学研协同攻关，推动教育、科技、人才协同发力，齐头并进。

（二）全面提升国家战略人才自主培养能力和水平

加快建设国家战略人才力量，提升人才自主培养能力是重中之重。党的二十大报告强调，教育、科技、人才是全面建设社会主义现代化国家的基础性、战略性支撑。新时代新征程，要不断创新人才培养理念、改革人才培养体系和方式，全面提升国家战略人才的自主培养能力，造就一支服务于现代化建设的创新人才队伍。

一是充分发挥高校战略人才培养的主体作用。2020 年，中共中央、国务院印发的《深化新时代教育评价改革总体方案》（以下简称《方案》）提出：“制定‘双一流’建设成效评价办法，突出培养一流人才、产出一流成果、主动服务国家需求，引导高校争创世界一流。”《方案》的出台为深化高校教育评价改革指明了方向，为高校聚焦人才培养、科研创新和服务国家等方面提供了根本遵循。

二是深化高校人才培养体系改革。在全面建设社会主义现代化国家的关键时期，要持续推进高校学科体系、教学体系和教材体系改革，不断加大对青年学生创新实践能力的培养力度，优化实施“中学生英才计划”“强基计划”“基础学科拔尖学生培养试验计划”，加强基础领域和关键领域人才培养，持续建设一批有影响力的精品课程和教材，推动实施“珠峰计划”、“千校万企”协同创新伙伴行动等。2022 年 8 月，教育部印发《关于加强高校有组织科研　推动高水平自立自强的若干意见》，旨在推动高校充分发挥新型举国体制优势，加强有组织科研，全面加强创新体系建设，着力提升自主创新能力，更高质量、更大贡献服务国家战略需求。

三是深化工程教育改革，逐渐完善校企联合培养机制。为支撑中国制造和中国创造，加强高技能人才队伍建设，必须深入实施“卓越工程师教育培养计划”。习近平总书记指出：“高校要深化工程教育改革，加大理工科人才培养分量，探索实行高校和企业联合培养高素质复合型工科人才的有效机制。”“企业要把培养环节前移，同高校一起设计培养目标、制定培养方案、实施培养过程，实行校企‘双导师制’，实现产学研深度融合，解决工程技术人才培养与生产实践脱节的突出问题。”[①]

① 习近平：《深入实施新时代人才强国战略　加快建设世界重要人才中心和创新高地》，《求是》2021 年第 24 期。

（三）积极打造吸引集聚全球高端人才的开放创新生态

坚持聚天下英才而用之，是做好人才工作的基本要求。党的二十大报告强调，“实施更加积极、更加开放、更加有效的人才政策”。全面建设社会主义现代化国家需要全球人才的参与，中国的发展也为全球人才提供广阔的舞台。要用好全球人才资源，积极打造吸引集聚全球高端人才的开放创新生态。

一是不断深化科技体制机制改革。党的十八大以来，以习近平同志为核心的党中央把科技体制改革作为全面深化改革的重要内容，全面发力、多点突破，涉及范围之广、出台方案之多、触及利益之深、推及力度之大，前所未有。截至 2022 年 11 月，中国已与全球 160 多个国家和地区建立了科技合作关系，签订了 114 个政府间科技合作协定。国家在科技领域出台了一系列改革举措，重点领域和关键环节改革取得实质性进展，科技体制改革的“四梁八柱”已基本建立。尽管如此，各地区、各部门仍要继续把握人才全球化的新趋势和新特点，创新方式方法，完善工作举措，以更加有效、更加开放的人才政策，大力推进人才国际交流合作，推动科技创新。同时，发挥新型举国体制优势，完善科技评价制度的基础改革，做好科技管理改革“加减法”，完善科技创新攻关的“揭榜挂帅”机制，在已取得一批标志性成果的基础上，继续完成“十四五”首批重点研发计划中部署实施的 87 项“榜单”任务。

二是不断增强全球创新资源的集聚能力。着力优化创新主体，加强创新基础设施建设，吸引汇集全球战略人才，营造开放创新生态。具体来讲，要坚持引进来与走出去相结合，放眼国际、拓宽合作，用好全球创新人才资源，精准引进急需紧缺人才，有序选派前沿科技人才到海外学习，推动建立国际化的科研制度和环境，便利创新要素跨境流动，建立多渠道、全方位、多层次的国际科技合作体系，进而形成具有全球竞争力的开放创新生态。

三是聚焦建设国际化战略人才创新平台载体。以加快建设世界重要人才中心和创新高地为契机，整合建立国际水准的国家实验室体系，深化科研机构改革，推动科研创新平台与国际接轨，推进区域创新平台建设，加强区域创新中心的国际化。为此，要更加积极地开展国际大科学合作项目，开展对外合作办学，建立和吸引国际组织和产业联盟，建设世界战略人才高地。

硬实力、软实力，归根到底要靠人才实力。党的二十大报告指出，要“强化现代化建设人才支撑”“着力形成人才国际竞争的比较优势”。站在全面建设社会主义现代化国家的历史新征程上，深入实施新时代人才强国战略，加快建设国家战略人才力量，我们一定能抢占科技竞争和未来发展的制高点，把科技自主权、发展主动权牢牢掌握在自己手中，为全面建成社会主义现代化强国奠定人才基础。

第六章 人/才/强/国

全面提高人才自主培养质量

习近平总书记在中央人才工作会议上指出，“我们必须增强忧患意识，更加重视人才自主培养，加快建立人才资源竞争优势。”习近平总书记还强调，到 2025 年，“人才自主培养能力不断增强”；到 2030 年，“创新人才自主培养能力显著提升”。党的二十大报告提出，“坚持为党育人、为国育才，全面提高人才自主培养质量”。培养造就大批德才兼备的高素质人才是建成人才强国的关键，如何走好人才自主培养之路是新时代实施人才强国战略重大而紧迫的任务。

一、深刻认识人才自主培养的重要性和紧迫性

（一）人才自主培养是高质量发展的必然要求

怎样理解高质量发展？高质量发展意味着高效率增长、有效供给性增长、中高端结构增长、绿色增长、可持续增长、和谐增长。从宏观层面来看，高质量发展表现为以创新为主要动力的稳定、均衡、可持续、公平发展；从微观层面来看，高质量发展表现为通过创新驱动加快产业结构优化升级，企业国际竞争力增强、品牌影响力显著提升。可以看出，面向新发展格局的高质量发展，要围绕产业链部署创新链、围绕创新链布局产业链。何以实现高质量发展？创新驱动就是人才驱动，经济的高质量发展需要高质量人才的引领和保障。因此，抓高质量发展就等同于抓高素质人才。

目前，我国人才培养量质不均的矛盾仍然突出，人才培养与社会需求脱节严重，造成资源浪费。数据显示，我国 R&D 人数已位居世界第一，但百万人 R&D 研究人员、人才对经济增长的贡献率、百万人专利申请量等指标排名落后，人才自主培养质量亟待提升。

（二）人才自主培养是人才国际竞争的紧迫需要

当前，我们开启了全面建设社会主义现代化国家、向第二个百年奋斗目标迈进的新征程，正处于重要的战略机遇期，我们比历史上任何时期都更接近、更有信心和能力实现中华民族伟大复兴的宏伟目标，也比历史上任何时期都更加渴求人才。

习近平总书记在2021年中央人才工作会议上指出："培养人才是国家和民族长远发展的大计，当今世界人才的竞争首先是人才培养的竞争。中国是一个大国，对人才数量、质量、结构的需求是全方位的，满足这样庞大的人才需求必须主要依靠自己培养，提高人才供给自主可控能力。"在全球人才竞争日益激烈的今天，各国纷纷采取有针对性的政策和措施争夺创新人才。例如，2022年1月，美国推出新政策，放宽STEM专业人才拿美国绿卡的要求，扩大STEM专业的范围，加强对高技术人才的吸引力度；日本出台高度人才引进政策，调整积分制度，降低高层次人才资格门槛，于2019年底提前完成引进2万名高层次人才的目标；欧盟推出创新签证，放宽人才流动限制，进一步加强创新创业高层次人才引进。

面对日益激烈的国际人才竞争，一方面，中国对人才的吸引力整体上仍弱于美国、日本等发达经济体。《2021年全球人才竞争力指数》报告显示，中国排名第37位，虽表现稳步增强，但仍与发达国家有较大差距，人才竞争力有待提高。另一方面，以美国为首的一些西方国家越来越将人才竞争定义为遏制别人的发展，对我国的高科技产业和学术交流进行打压封锁。我们必须清醒地认识到，日趋激烈的国际人才竞争将常态化，中国在全球人才竞争中将受到极大挑战和钳制。因此，要想满足我国对人才数量、质量、结构全方位的需求，必须主要依靠自己培养，提高人才供给自主可控能力；增强忧患意识，更加重视人才自主培养。

（三）人才自主培养是科技自立自强的基础性、战略性支撑

为解决我国高端创新人才严重不足的困境，以习近平同志为核心的党中央高度重视人才引进工作，实施一系列海外引才计划，通过加大研发投入、优化人才政策、强化科研基础设施、营造开放创新生态，形成聚天下英才而用之的人才开放新局面。

世界知识产权发布的《2022 年全球创新指数报告》显示，中国科技创新能力已上升至全球第 11 位，实现了由“追赶”“跟跑”向“并跑”“领跑”迈进的跨越式发展。同时，我们应看到，要实现科技自立自强，首先要增强人才的自主培养能力。历史经验表明，无论是引进人才还是引进技术，都只能让一国处于“跟跑”行列，这一点在“卡脖子”领域尤为显著。习近平总书记做过一个生动的比喻：“供应链的‘命门’掌握在别人手里，那就好比在别人的墙基上砌房子，再大再漂亮也可能经不起风雨，甚至会不堪一击。”要想建成科技强国，就必须打破科技自立自强与人才海外依赖的创新悖论，建立起服务我国高质量发展的人才自主培养体系。我国的航空航天事业，就是以人才自主培养实现科技自立自强的鲜活例子。中国的航天技术被国外封锁 60 多年，甚至连正

常的学术交流都遭到美国禁止，但这并未阻碍我们前进的脚步：不能发射包含美国零部件的卫星，我们就发射自己的卫星；伽利略卫星导航系统将我国排斥在外，我们就研发自己的卫星导航系统；国际空间站将我们排斥在外，我们就建造自己的空间站。神舟飞船总设计师、中国工程院院士戚发轫在谈航天精神时说道，“那个时候我们国家没有强大的空军，更没有航空这个概念。空军不强大就要受欺负，我决心一定要去学航空、造飞机，保家卫国。”

如今，我国航空航天已经形成老一辈航天专家言传身教，新一代青年人才接续奋斗的培养链条，坚定了“航天强国重任在肩”的理想信念，让航天人才在关键岗位和重大项目攻关中经风雨、见世面、壮筋骨、长才干。同时要看到，我国在芯片、工业软件、种源等领域的“卡脖子”问题依旧十分严峻，产业链部分关键环节依赖国外供给，关键核心技术受制于人的局面还没有得到根本性改变。加快创新人才自主培养，实现“卡脖子”领域关键核心技术突破迫在眉睫。

二、着力提升人才自主培养能力

在中央人才工作会议上，习近平总书记将增强人才自主培养能力作为 2025 年和 2030 年的主要战略目标之一。提升人才自主培养能力，实际上是要提升培养主体的能力，健全人才自主培养体系。

（一）明确为党育人、为国育才的自主培养目标

我国要培养的是社会主义建设者和接班人，是拥护中国共产党的领导和社会主义制度，立志为中国特色社会主义事业奋斗终身的人才。正如习近平总书记所指出的："做好人才工作必须坚持正确政治方向，不断加强和改进知识分子工作，鼓励人才深怀爱国之心、砥砺报国之志，主动担负起时代赋予的使命责任。广大人才要继承和发扬老一辈科学家胸怀祖国、服务人民的优秀品质，心怀'国之大者'，为国分忧，为国解难，为国尽责。"[①] 新中国成立初期，周恩来向海外知识分子发出"祖国需要你们"的号召，李四光、华罗庚、邓稼先、谢希德、钱学森等一大批爱国科学家踏上艰难归国之路，"梁园虽好，非久居之乡，归去来

① 习近平：《深入实施新时代人才强国战略　加快建设世界重要人才中心和创新高地》，《求是》2021 年第 24 期。

分。”在一代又一代矢志报国的科学家前赴后继、接续奋斗中，我国科技事业取得举世瞩目的成就。

党的二十大报告指出，“培养造就大批德才兼备的高素质人才，是国家和民族长远发展大计。”因此，要培养服务面向世界科技前沿、面向经济主战场、面向国家重大需求、面向人民生命健康，服务高质量发展，服务中国式现代化建设的人才，将人才培养在中国大地上。

（二）发挥高校人才自主培养的主阵地作用

习近平总书记指出：“我国拥有世界上规模最大的高等教育体系，有各项事业发展的广阔舞台，完全能够源源不断培养造就大批优秀人才，完全能够培养出大师。”高校是人才自主培养的桥头堡。将提高人才自主培养能力放在办学治校全局的重要地位，是人才强国、科技强国战略赋予高校的重大责任，也是教育强国战略的内在要求。

立足办学定位，布局学科专业体系。现代化建设对于创新的需求是全方位的，大到原始创新，小到技术革新，都需要高等院校实现多样化发展。目前，我国部分高校追求专业和学科的“大而全”，不考虑学科底蕴，什么专业热门设什么，同质化现象严重，且培养质量不理想，造成资源浪费。我国高等院校应按照“理论性、工程型、应用型、职业型”分类发展，在服务国家重大需求中明确自己的办学定位，进一步发挥特色学科优势，形成人才培养雁阵格局。

加强基础学科人才培养。2020 年，教育部出台“强基计划”，遴选 36 所“双一流”高校展开试点；同时持续推进“珠峰计划”，在 77 所高水平大学布局建设288个培养基地，探索建设了一批基础学科拔尖人才培养“特区”，如上海交通大学致远学院、西安交通大学钱学森学院、浙江大学竺可桢学院等。我国高校特别是“双一流”大学要在选拔上创设多元渠道，在培养上为学生自主探究留足空间，在评价上进行长周期观测，对专业、课程、教材、教学方法进行全要素改革，实现基础教育阶段、高等教育阶段、职业发展阶段的全周期支持，构建高质量基础学科人才培养体系。

加强高校教师队伍建设。没有高水平的师资队伍，就很难培养出高水平的创新人才，也很难产生高水平的创新成果。要加强高校教师队伍建设，充分发挥教师在人才培养中的关键作用；聚焦立德树人根本任务，按照“四有”（有理想信念、有道德情操、有扎实学识、有仁爱之心）好老师的标准，全面提升教师的专业学术能力和教育教学水平，将前沿科技成果带入课堂；提高教学水平在教师评价中的占比，着力引导教师投入教学、潜心教学改革，做“大先生”、研究真问题，让大师培养大师。

（三）提高科研机构人才自主培养能力

科研机构是服务国家需求、承担国家重大任务的主力军，为战略科学家、科技领军人才和创新团队、青年科技人才培养提供了历练本领、发挥作用的条件和平台。中国科学院院士、中国工程院院士陆元九曾说过，人才培养不单纯是学校的责任，科研单位也有责任，某种意义上，后者更重要。

走产学研用融合培养之路。充分发挥科研机构优秀人才、优秀项目、优秀平台的集聚效应，与国内外知名企业、高校共同打造协同创新共同体，构建产学研用一体化人才培养模式。

注重在实践中培养人才。习近平总书记在科学家座谈会上指出，要高度重视青年科技人才成长，使他们成为科技创新主力军。要用心培养、大力支持、大胆使用青年人才，敢于让青年人才打头阵、当先锋，充分发挥重大工程牵引作用，在实践的主战场上识别、培养、用好人才。例如，中国航天科技集团坚持重大工程和重大研发项目每跟进一个阶段，人才就跟进一批、储备一批。通过让青年航天人才在承担或参与重要型号研究任务、经历完整的型号研制阶段或重要阶段中迅速从理论走向实践，在实践中经受多岗位、多专业锻炼，组建航天航空骨干队伍。目前，航天型号的总设计师、总指挥中 45 岁以下人员占比超过 30%，技术研发队伍中 45 岁以下人员占比达 83%，青年后备力量强劲有力。

营造有利于人才成长的宽松科研环境。目前，青年科研人员普遍面临职业发展和薪酬收入的双重压力。调查数据显示，青年科研人员中有 54.1% 在 2017—2019 年没有主持过项目，其中 30 岁及以下的青年科研人员这一比例高达 74.4%。[①] 青年科技人才正处在科学创造的最佳年龄区，往往有一些很好的想法，需要给予他们一定支持。

首先，要进一步贯彻落实《关于开展减轻青年科研人员负担专项行动的通知》，提高青年科研人员在国家重大科研计划、重大平台基地、重点攻关课题项目中担任负责人或首席专家的比例，以稳定的经费投入支持青年科研人才“挑大梁、当主角”。

---

① 薛姝、张文霞、李睿婕：《当前我国青年科研人员面临的主要压力分析》，《中国科技人才》2021 年第 5 期。

其次，要深化科技人才评价改革，构建多元化的评价体系。以论文、专利、资金数量为标准的人才评价制度并不符合青年科技人才的成长规律，造成科研领域的过度无序竞争。2022 年，我国公布《关于开展科技人才评价改革试点的工作方案》，将“国家重大攻关任务”纳入创新活动类型，从加大承担国家重大任务考核评价权重、把完成国家任务纳入单位评估重要内容等方面提出试点内容，引导激励科研单位和科研人员积极承担国家重大任务。未来，我国应加快建立以创新价值、能力、贡献为导向的人才评价体系，形成并实施有利于科技人才潜心研究和创新的评价体系。

再次，在生活待遇方面，青年人才面临房价高昂、配偶异地、子女入学难、赡养服务压力大等困难。今后，要考虑通过市场化手段和特殊政策支持，给予青年人才过渡性保障。

（四）发挥企业人才自主培养优势

我国制造业相较于发达国家仍处于较低的发展水平，芯片等“卡脖子”关键核心技术仍拿捏着中国制造业的“心脏”，同时美国等一些西方国家一轮又一轮的“制裁”使中国企业苦不堪言。可见，要想在国际竞争中取得优势，拥有更多话语权，就必须走自主创新之路，将关键核心技术掌握在自己手中。2021 年中央经济工作会议指出，要强化企业创新主体作用，深化产学研用结合。企业是创新的主体，人才是创新的第一资源。

大力弘扬企业家精神。改革开放以来，一大批有胆识、勇创新的企业家茁壮成长，以其对国家和民族的崇高使命感和强烈责任感，为国家经济社会发展作出重要贡献。企业人才自主培养，要大力弘扬企业家精神，促使人才在爱国、创新、诚信、社会责任和国际视野等方面不断提升自己，为国家繁荣、民族兴盛、人民幸福贡献力量。习近平总书记在企业家座谈会上指出：企业家要“努力成为新时代构建新发展格局、建设现代化经济体系、推动高质量发展的生力军”。

创新企业人才自主培养模式。要坚持职业教育与产业发展协同推进，支持行业领军企业牵头组建创新联合体，深化产教融合，探索新型校企合作模式，突出企业对创新人才的承载作用。

三、全面提高人才自主培养质量

党的二十大报告对推动高质量发展作出战略部署，要求构建高水平社会主义市场经济体制、建设现代化产业体系、全面推进乡村振兴、促进区域协调发展、推进高水平对外开放。高质量发展是全面建设社会主义现代化国家的首要任务，而高质量发展需要高素质人才，高素质人才又来自高质量的人才自主培养，所以，必须坚持为党育人、为国育才，全面提高人才自主培养质量。全面提高人才自主培养质量，需要明确两个问题：一是人才自主培养的质量标准是什么？二是如何提高人才自主培养质量？

（一）坚持人才自主培养的质量标准

近些年来，随着我国经济结构调整的不断加快和供给侧结构性改革的深入推进，仅仅依靠引进人才已经无法满足我国对人才庞大而精细的需求。同时，我国自主培养的人才又存在供需两侧不匹配的结构性问题，人才有效利用率低。在自动化、数字化、智能化高速发展的新时代，一个国家的竞争力并非取决于该国拥有的人才数量，而是取决于该国拥有的高质量人才的数量，数量多不等同于高质量，学历高也不等同于高质量。高质量人才缺乏，是我国人才队伍大而不强的根本原因，那么高质量的人才标准到底是什么？

能够服务“四个面向”。2020 年，习近平总书记在科学家座谈会上强调的“四个面向”，为人才培养方向提供了重要遵循：面向世界科技前沿，加强基础性研究，培养实现原创性突破的科技领军人才；面向经济主战场，确保人才培养服务于经济建设；面向国家重大需求，培养国家急需的高精尖缺人才；面向人民生命健康，坚持以人民为中心的发展思想，满足人民群众健康需求。

成为国家战略人才力量。习近平总书记在中央人才工作会议上阐释了国家战略人才力量的内涵与职责使命：战略人才站在国际科技前沿、引领科技自主创新、承担国家战略科技任务，是支撑我国高水平科技自立自强的重要力量，要把建设战略人才力量作为重中之重来抓。尖端性和领军性是战略人才力量区别于其他人才的重要特征，高知识、高能力、高贡献是战略人才力量最为重要的自有属性。①

为现代化建设提供人才支撑。实现高质量发展，创新是关键，人才是根本。高素质人才能够在经济、政治、文化、社会、生态文明等各方面充分发挥人才引领驱动作用，使人才支撑方向与全面建设社会主义现代化国家相统一。例如，中国农业大学发明小麦耐热分子育种技术以及“农大 778”等系列玉米新品种，为“把中国人的饭碗牢牢端在自己手中”作出重要贡献；清华大学、中核集团、中国华能等联手打造出的全球首座球床模块式高温气冷堆核电站，使我国成为世界

① 林成华、赵文鹏、张维佳：《美国建设国家战略人才力量的特色举措及启示》，《今日科苑》2022 年第 7 期。

少数几个掌握第四代核能技术的国家之一。此外，还有“祝融”登陆火星、“北斗”成功组网、C919 大飞机正式交付……总体而言，我国自主培养的高素质人才，要坚持以祖国和人民的需要为方向，以中国式现代化建设为目标，勇于在国家重点战略、重点项目和关键技术领域深钻苦研，致力于解决威胁国家发展和安全的“卡脖子”难题，把论文写在祖国的大地上。

（二）加快提高人才自主培养质量

人才自主培养与对外开放不是对立的，相反，人才自主培养一定要坚持开放培养理念。习近平总书记指出：“强调人才自主培养，绝不意味着自我隔绝。要结合新形势加强人才国际交流，坚持全球视野、世界一流水平”。数据显示，我国超八成留学生选择回国发展，他们在祖国提供的科研平台上发展事业、在解决中国实际问题中成长成才。归根到底，在智力资源流动性越来越强的信息时代，要做到以我为主培养人才、培养为我所用的人才，提高人才自主培养的可控力。

我国人才自主培养要坚持“走出国门淬炼一流、走向世界检验一流”，充分利用全球优质教育资源和先进经验去培养人才。人才自主培养要加强人才国际交流，坚持全球视野，对标世界一流水平，集聚全球智慧资源和创新要素，深化中外合作办学，开辟更多的人才“走出去”培养新渠道。例如，中国第一所中外合作大学——宁波诺丁汉大学，引进高能级科研平台，重点面向绿色化工与能源、智能制造、生命健康等领域，培养立足中国、具有国际化视野的创新型高级人才。近几年来，全球疫情形势不定，加之逆全球化思潮涌现，使得教育国际化面临严峻考验。在此背景下，"在地国际化"教育方式使学生立足本国本校，便可学习国际教育课程，是增强人才培养国际性的有益探索。例如，教育部支持海南建设国际教育创新岛，支持粤港澳大湾区建设国际教育示范区，都是"在地国际化"教育的有益探索。

营造创新人才脱颖而出的治理新生态。我国要全面提高人才自主培养质量，建成世界重要科学中心和创新高地，必须营造世界一流的创新环境。从日本筑波、美国硅谷以及国内的深圳前海、北京中关村、上海张江等国内外创新高地生态系统的共性要素进行分析，集聚人才、激发人才创新活力是一个多主体协同、多要素耦合、多元制度供给、区域生态子系统深入互动的生态系统构建问题[①]。充分发掘和尊重创新人才的成长规律和科研活动的协同性规律，创新"引、育、用、留"人才管理体制机制建设，深化人才发展体制机制改革，包容差异、关怀为本[②]，营造提高人才自主培养质量的开放创新生态，充分激发人才创新活力。

构建新型举国体制下的人才自主培养制度体系。党的二十大报告指出："完善党中央对科技工作统一领导的体制，健全新型举国体制"。社会主义市场经济条件下的新型举国体制，是指面向国家重大需求，发挥市场在资源配置中的决定性作用，更好发挥政府作用，强化责任落实机制，用好庞大的国内市场需求，凝聚和集成国家战略人才力量、

① 陈丽君、李言、傅衍：《激发人才创新活力的生态系统研究》，《治理研究》2022 年第 4 期。

② 吴江、蓝志勇：《营造创新人才脱颖而出的治理新生态》，《西南交通大学学报（社会科学版）》2021 年第 4 期。

社会资源，共同攻克重大难题的组织模式和运行机制。聚焦新型举国体制下的人才自主培养体系，就要加强党对人才工作的全面领导，面向国家重大需求，确立人才引领发展的战略地位，以解决关键问题为导向，发挥集中力量办大事的制度优势和超大规模的市场优势，深化人才发展体制机制改革，全面提高人才自主培养质量，形成人才国际竞争比较优势。

第七章 人/才/强/国

集聚全球高端人才和智力资源

集聚全球高端人才和智力资源，是我国新时代人才发展的重要经验，也是实施新时代人才强国战略的重要举措。强化现代化建设人才支撑，要聚天下英才而用之，坚持全球视野，广泛引进世界顶尖人才，使全球智慧资源、创新要素为我所用，通过人才引领驱动推进高质量发展，不断开辟新领域新赛道，塑造新优势新动能。

一、坚持聚天下英才而用之的战略方针

聚天下英才而用之，是中国共产党关于人才工作的重要理念。党的十九大报告和二十大报告都明确提出“聚天下英才而用之”，这是做好新时代人才工作必须坚持的战略方针，具有重大现实意义。

（一）强化现代化建设人才支撑需要集聚全球创新人才资源

人才是第一资源。国家科技创新力的根本源泉在于人。新时代新征程，我们比历史上任何时期都更加渴求人才。通过创新驱动引领高质量发展，人才是核心驱动力。要依靠大批高素质优秀人才，不断产出科学研究前沿成果；使用高效率的生产工具，优化和再造不适应生产发展的旧流程，创造更具效率和活力的新工具、新方式、新业态。历史经验充分证明，引进全球高端人才和智力资源是迅速获取所需人才的主要途径，是经济社会发展的必然道路。当前，面对科技的快速迭代和新兴产业的不断壮大，我国很多行业存在人才缺口，对高层次人才的需求尤为突出。要满足持续增长的人才需求，势必加快自主培养和大力引进人才相结合，加速集聚我国所需的各行业高层次人才，不断完善优化我国人才结构。

（二）聚天下英才而用之需要新的发展理念

聚天下英才而用之是中国共产党向世界发出的时代强音，彰显了中国共产党人为民族复兴大业广聚天下英才的战略视野和博大胸襟。2016年7月1日，在庆祝中国共产党成立95周年大会上，习近平总书记指出，要以识才的慧眼、爱才的诚意、用才的胆识、容才的雅量、聚才的良方，广开进贤之路，把党内和党外、国内和国外等各方面优秀人才吸引过来、凝聚起来。坚持聚天下英才而用之是我们党领导人才工作的规律性认识，是加快全球优秀人才集聚的战略举措。

在“聚天下英才而用之”的重要理念中，“聚”和“用”是关键词，“聚”是方式和手段，“用”是核心和目的，二者紧密关联、相互成就。从“聚”的方面看，聚才是为了用才。要坚持“以用为本”方针，做好需求端的调研，重点引进现代化建设所需的各类人才。从我国建设全局和未来发展趋势着眼，建立体系化、精准化的人才政策，做到有计划、有重点地分批分类引进所需人才。从“用”的方面看，人才集聚有自身规律，历史经验表明，人才会自觉追逐更好的发展平台和环境，受事业激励、被使命引领。改革开放以来，中国的现代化建设取得举世瞩目的成就，产业不断迭代升级，民族企业跻身全球领先行列，科学研究不断取得新的突破，社会更加文明、开放和包容，为一流人才发展营造了良好生态。党领导的中国式现代化建设是推进中华民族伟大复兴，创造人类文明新形态的伟大事业，必将吸引更多有志之才参与其中。人才在优渥的环境和伟大的事业激励下，能更加充分地发挥潜力，最终实现自我价值和社会价值。

党管人才的制度优势为实施新时代人才强国战略，实现聚天下英才而用之提供坚实保障。通过统筹人才队伍建设，全方位培养引进用好各类人才，使人尽其才、才尽其用、事尽其功，让各类人才创新活力竞相迸发；通过实施更加开放、更加灵活、更加有效的系统化引才策略，持续拓宽各类引才渠道，让各行各业的优秀人才加速集聚；通过发挥党“管宏观、管政策、管协调、管服务”的作用，增强集聚力、协调力和感召力，提高对新时代人才的政治引领和政治吸纳，将支持中国发展与中华民族伟大复兴的各方面优秀人才集聚到现代化建设事业中来。

（三）聚天下英才而用之需要具有全球竞争力的人才制度体系

随着经济全球化深入发展，各国对人才的争夺更加激烈，加之后疫情时代全球人才竞争日趋白热化，我国全球引才面临前所未有的挑战。能否获得国际竞争的主动权和主导权，归根结底在于能否抢占国际人才竞争的制高点，能否拥有一支世界一流的优秀人才队伍。只有始终坚持聚天下英才而用之，持续加强高水平海外优秀人才引进和人才自主培养，才能为我国赢得国际竞争比较优势提供坚实人才保障和智力支撑。

集聚全球英才，制度是最根本的。因此，要建设具有全球竞争力的人才制度体系。党的十八大以来，以习近平同志为核心的党中央大力推进人才制度建设，遵循国际人才流动规律和人才发展规律，不断改革现有的人才发展体制机制，积极营造有利于优秀国际人才发展的良好环境，把畅通海外人才成长路径，珍惜爱护海外人才、充分信任海外人才和放手使用海外人才落到实处，妥善解决海外人才来华关注关心的实际问题，使真正符合中国需要而又有留在中国意愿的海外优秀人才能够来得了、待得住、用得好、流得动。

二、新时代实施人才开放政策取得的成就

一个国家对外开放，必须首先推进人的对外开放，特别是人才的对外开放。2016 年 4 月 19 日，习近平总书记在网络安全和信息化工作座谈会上指出："在人才选拔上要有全球视野，下大气力引进高端人才。随着我国综合国力不断增强，有很多国家的人才也希望来我国发展。我们要顺势而为，改革人才引进各项配套制度，构建具有全球竞争力的人才制度体系。不管是哪个国家、哪个地区的，只要是优秀人才，都可以为我所用。"在习近平总书记关于做好新时代人才工作的重要思想的指导下，各级党委（党组）通过深化人才发展体制机制改革，为全球英才来中国发展创造更便利的条件，多措并举、多管齐下，取得了丰富的成果与经验。

（一）引进大批全球一流人才

我国进一步突出"高精尖缺"的引才导向，通过国家重点工程项目整合人才和智力需求，面向全球广纳海外人才。企业、高校、科研机构以更为主动的态势，走出国门，引进高端人才和创新资源。例如，北

京向全球发布“紧缺人才”目录，开展“海外英才北京行”引才项目；上海打造“留·在上海”城市引才品牌，建设“海聚英才”引才平台；广州发布“广聚英才计划”，提出 19 条举措，全力集聚国内外“高精尖缺”人才；杭州开展全球引才“521”计划，引进能够突破关键技术、发展高新技术产业、带动新兴产业发展的海外高层次人才。其他城市也纷纷出台全球引才项目，吸引海外人才不断来华。

据不完全统计，当前我国集聚海外高层次专家人才近 2 万人，带动各地各部门集聚海外高端创新人才 10 万余人。科技部相关数据表明，2021 年回国创新创业的留学人员首次超过 100 万人，累计发放外国人来华工作许可证达 118 万张。这些人才很多来自发达国家知名高校、科研机构和跨国企业，研究水平居于国际前沿。他们在生命科学、信息科学、能源技术、材料装备、污染治理、药品安全等重要领域取得一批高水平原创性成果，成为实现我国创新驱动和转型发展的重要生力军。

（二）留学人员回流态势增强

根据教育部数据，2006 年，中国每 3 个出国留学人员中仅有 1 人回国发展。党的十八大以来，我国各类出国留学人员中超过八成完成学业后选择回国发展，呈现出人才加速回流的态势。1978—2019 年，我国各类出国留学人员累计达 656.06 万人，回国人员总数累计达 423.1 万人，占已完成学业群体的 86.28%。中央统战部网站数据显示，2020 年以来活跃求职的归国海外留学生较 2019 年同期增加了 58.19%。北京大学未来教育管理研究中心调查显示，从中国走向海外的高端人才中近七成未来优先考虑回国就业。[1]

留学人员加速回流与我国积极的海外引才政策是分不开的。我国先后推出中国海外人才交流大会、中国海外学子创业周、中国留学人员南京国际交流与合作大会等引才活动，为留学人员回国畅通了渠道。为鼓励在海外学习和工作暂时不能回国的留学人员通过多种方式为祖国建设服务，2010 年人社部实施“海外赤子为国服务行动计划”，让留学人员报国有门。2015 年，人社部印发《关于做好留学回国人员自主创业工作有关问题的通知》，将海外归国人员纳入国家高校毕业生就业创业支持范围。党的十八大以来，人社部深入实施各类高层次留学人才回国资助、留学人员回国创业启动支持计划、留学人员科技活动项目择优资助，解决了他们回国之初经费不足的燃眉之急。留学归国人才的发展壮大充实了我国人才库，为国家发展提供了强大智力和人才支撑。

（三）人才引进制度不断创新

党的十八大以来，我国在引才制度改革创新上重点发力，为聚天下英才而用之创造了更加开放、更有效率的政策环境。2012 年 12 月，中组部、人社部等 25 部门联合下发《外国人在中国永久居留享有相关待遇的办法》，明确持中国“绿卡”的外籍人士在投资、购房和子女入学等方面可享受国民待遇；2013 年 7 月，中组部、人社部等 5 部门联

① 田丰：《把握好海外人才“回流”机遇》，《光明日报》2020 年 9 月 15 日第 2 版。

合印发《关于为外籍高层次人才办理签证及居留手续有关事项的通知》，明确签证及居留手续的办理流程，为海外高层次人才出入境提供便利；2017 年，外专局、外交部、公安部印发《外国人才签证制度实施办法》，为高层次人才来华开辟“绿色通道”；2018 年 2 月，中共中央办公厅、国务院办公厅印发《关于分类推进人才评价机制改革的指导意见》，提高国际人才评价的精准性；2019 年 12 月，中共中央办公厅、国务院办公厅印发《关于促进劳动力和人才社会性流动体制机制改革的意见》，进一步破除妨碍国际人才流动的障碍；2021 年 8 月，国务院办公厅印发《关于改革完善中央财政科研经费管理的若干意见》，赋予科研人员更大的经费管理自主权。

除此之外，我国不断创新人才引进机制，提出人才开放新理念，开展人才引进新实践。人才开放政策从“择”天下英才而用之转变为“聚”天下英才而用之，一字之差蕴含了对引才环境、引才规律的认识深化。

当前，一些城市通过建立健全有利于国际人才发展的开放创新生态，打造特色人才品牌，不断提升对人才的吸引力和感召力。北京按照“一城一策”原则，为中关村科学城、怀柔科学城、未来科学城和北京亦庄经济技术开发区，量身定制人才引进办法，为顶尖科学家创新团队开通了人才引进通道。具体来讲，将首都国际人才社区打造为“人才政策试验区”，开辟外籍人才办理永久居留“直通车”，审批期限由 180 日缩短为 50 个工作日；将朝阳、顺义服务业扩大开放综合试点示范区外籍人才出入境管理改革措施拓展至全市范围，打造“落地即办、未落先办、全程代办”外籍人才服务体系。上海浦东新区推出“1+1+N”人才政策新举措，囊括人才引进资助、团队支持、项目支撑、金融服务等“一揽子”人才专项政策，打造国际人才发展引领区。截至2022年底，浦东引进国际学校13所、国际医院（诊所）10家，持有外国人永久居留身份证者2000余人。苏州实施柔性引进海外智力的“海鸥计划”，为地方实施柔性引才、解绑挂帅提供宝贵经验。通过契约管理，以海外人才的实际贡献为依据，为外籍专家和海外人才提供薪资、交通、授课咨询等补贴。2019年8月，中组部等7部门联合印发《关于支持海南开展人才发展体制机制创新的实施方案》，一连串人才开放政策改革措施纷纷落地。按照党中央部署，各地把握人才全球化新趋势新特点，实施更加积极、更加开放、更加有效的人才政策，为集聚海外高端人才和智力资源创造更好条件。

三、全面提高我国人才国际竞争力水平

综合国力竞争归根到底是人才竞争，拥有人才优势的国家，最终会拥有实力上的优势。面对激烈的国际人才竞争，我国人才引进工作仍然存在一些问题。例如，目前以政府为主导的引才还未充分把用人单位的积极性发挥出来；科技创新人才队伍仍存在结构性短板，领军人才相对较少，青年基础研究人才支撑不足，重点领域技术创新人才紧缺；引进人才时缺乏法治意识和风险意识，缺乏法律风险审查和合规性评估；在知识产权保护、外籍人员医疗和养老保障制度等方面存在不足；等等。这些问题为我国集聚全球高端人才和智力资源带来挑战。要持续优化我国人才引进体制机制，增强国际人才竞争比较优势，全面提高人才国际竞争力水平。

（一）加强战略谋划和顶层设计

2021 年 9 月召开的中央人才工作会议提出“加快建设世界重要人才中心和创新高地”的战略目标，并对人才发展进程和空间布局作了明确规划。以 2025 年、2030 年和 2035 年为节点，每 5 年为实现战略“大目标”完成既定的“小目标”：到 2025 年，“在关键核心技术领域拥有一大批战略科技人才、一流科技领军人才和创新团队”；到2030年，“在主要科技领域有一批领跑者，在新兴前沿交叉领域有一批开拓者”；到2035年，“国家战略科技力量和高水平人才队伍位居世界前列”。由此可以看出，每一步目标都十分明确，紧紧抓住了“创新”与“人才”一体两面的相互作用，体现了“创新是第一动力”和“人才是第一资源”的紧密关联。中央人才工作会议在空间上明确了人才战略布局：在北京、上海、粤港澳大湾区建设高水平人才高地，一些高层次人才集中的中心城市也要着力建设吸引和集聚人才的平台。

按照中央的总体部署，各地方积极响应聚天下英才而用之的战略举措，将各地发展需求与国家战略结合起来，集聚当地发展所需人才。全国一盘棋，加强整体设计和谋划。首先，从强化现代化建设人才支撑的战略高度构建人才发展雁阵格局，建设创新人才集聚高地。当前，全方位综合国力竞争正在全球展开，全球引才成效成为衡量综合国力的重要指标。因此，各地要充分发挥国家发展规划的战略导向作用，坚持以用为本、精准引人，定量测算、动态监测和综合评估当前和未来一段时期的人才需求，将其作为实施人才重大规划、重大改革、重大政策的重要依据。

其次，进一步明确聚天下英才而用之的战略突破重点。实现聚天下英才而用之的战略目标，要在构建新时代人才发展治理体系现代化上有所突破，在培养、集聚和使用国际顶尖人才上有所突破，在推动院校院所人事人才管理制度创新上有所突破，在提升人才发展国际化能级上有所突破，在人才创新创业生态系统上有所突破，在人才大数据动态建设、分析和应用上有所突破。要坚持问题导向，汇聚力量，集中突破重点问题，进一步增强全球配置人才资源能力，这样才能在激烈的国际人才竞争中赢得战略主动。

（二）坚持党管人才

聚天下英才而用之，关键是要坚持党管人才原则。党管人才主要是“管宏观、管政策、管协调、管服务”，“管”的实质是“服务”，为吸引、培养、集聚人才当好“伯乐”与“后勤部长”，宏观上把控、政策上保障、协调上作为、服务上到位，准确把握好人才发展治理现代化方向。针对美国打压我国人才计划、阻止人才向我国流动的图谋，一方面要加强对人才工作的战略谋划和长远规划，突破“重围”，赢得战略竞争优势；另一方面要进一步加强对海外人才的政治引领、政治吸纳，立足全局，提出更具针对性、指导性、实效性的措施。把党管人才制度优势转化为人才发展治理效能，把各方面优秀人才集聚到党和人民事业中来，真正做到聚天下英才而用之。

（三）深化人才发展体制机制改革

“国以人兴，政以才治。”人才制度是一个国家集聚人才的主要“指挥棒”。在深入分析和准确判断当前世情国情党情的基础上，我们要借鉴西方发达国家的成功经验，建立与国际接轨的引才机制，减少人才国际流动的体制壁垒。同时，要更好地发挥社会主义制度集中力量办大事的优势，加速形成具有国际竞争力的开放创新生态。

1. 加快完善市场化的人才资源配置机制

要充分发挥市场在人才资源配置中的基础性作用，促进海外高端人才和智力资源的集聚。要创新国际人才流动机制，既要重视在发达国家和地区引才，又要重视引进其他国家和地区的优秀人才；既要重视引进经济社会发展的关键人才，又要重视配置各行各业的紧缺人才。大力发展现代人力资本产业，提升整合全球创新人才资源的能力。加快人力资源领域改革创新，破除阻碍海外人才自由流动的体制机制障碍，推行以才引才、以会引才、以项目引才等多种引才方式，实现多元化、多层次、多渠道引进人才。

2. 加快完善科技创新体制机制

要尊重人才成长规律和科研活动自身规律，扩大科技开放合作，构建有国际竞争力的人才培养和引进制度体系，提高科技人才队伍的国际化水平。具体来讲，要培养造就一批具有国际水平的战略科技人才、科技领军人才和创新团队，必须优化科技资源配置方式，加大对科技领军人才和创新团队的支持力度；开展基于信任的大科学家负责制试点，揭榜挂帅，全球引才，让最合适的人才承担科研任务；实施更加开放包容、互惠共享的国际科技合作战略，聚焦提升人才获得感和幸福感，妥善解决他们关注关心的实际问题，努力为其心无旁骛投身创业、服务发展解除后顾之忧，使我国成为全球人才施展才华的广阔舞台。

3. 加快建立便利高效的外国人才管理服务体系

习近平主席 2014 年在外国专家座谈会上明确指出："要遵循国际人

才流动规律，更好发挥企业、高校、科研机构等用人单位的主体作用，使外国人才的专长和中国发展的需要紧密契合，为外国专家实施才能、实现事业梦想提供更加广阔的舞台。”近年来，我国在吸引和引进国外人才方面推行了一系列积极的政策和举措，例如，颁布《中华人民共和国外国人入境出境管理条例》、新增 R 字签证（人才签证）、推进外国高端紧缺人才在华永久居留制度的实施等。今后要实施更加开放、更加有效的海外人才引进政策，逐步建立起与国际接轨的海外人才公共服务体系，建设专门化的外国人才公共服务平台、外国人才公共服务单一窗口以及依托园区、街区、楼宇等优势，建立外国人才公共服务站点，延伸公共服务网络，为外国人才提供方便、快捷、周到的社会化服务。

（四）实施更加积极开放的人才政策

世界各国为争夺国际竞争主动权，积极引进海外高端人才。面对愈演愈烈的国际人才竞争形势，必须顺应潮流、把握机遇，积极主动参与国际人才竞争，吸引更多海外人才为中国的现代化建设服务，不断提升我国国际人才竞争优势。

1. 扩大对外开放，推进引才市场化、制度化、多元化

《关于深化人才发展体制机制改革的意见》指出，人才工作的基本原则之一是“扩大人才开放”，要求在人才工作中“树立全球视野和战略眼光，充分开发利用国内国际人才资源，主动参与国际人才竞争”。在我国进一步深化改革、扩大开放的大格局中，要进一步增强人才对外

开放，重点推进国际人才引进的市场化、制度化、多元化。

首先，要确立用人单位的引才主体地位，遵循市场规律和国际惯例，依靠多元化机制引进全球人才。为用人单位放权松绑，梳理出规范的市场化改革清单，进一步促进全球人才流动、评价、激励机制的市场化。其次，要加快建立技术移民、投资移民制度，设计切实有效、规范严谨的综合性移民制度体系，采取“按需引才，平衡市场”的制度策略，推行“保质纳才，开放渠道”的引才模式，注重“门槛适调，安以永居”的机制要素。再次，要更多发挥社会组织，如学术团体、公益基金组织、风投机构及各类人才中介组织在引进海外人才中的重要作用。最后，要通过政府购买服务及与社会、市场组织合作的方式，调动多个主体参与到国际人才引进中来。

2. 实施重大人才计划，集聚天下英才

实施重大人才计划，集聚天下英才，要学习借鉴国际先进经验，加大海外高层次人才引进计划实施力度。一是加强关键人才的引进力度，聚焦“卡脖子”关键核心技术等重点领域，面向国家重大项目、国家实验室、全国重点实验室、国家重大人才计划等，遴选确定一批海外战略科学家，坚持特事特办，实行“一人一策”，制定个性化人才引进方案，提供事业平台、科研经费、团队支持、生活保障等一揽子支持政策。对国家海外高层次人才引进计划入选者，在养老医疗、子女入学、配偶就业、住房、薪酬待遇、永居证申领使用等方面提供一系列特殊支持保障政策。二是遵循创新规律，重视海外人才团队引进。目前，全球大部分重大科学发现和技术创新都依靠创新团队集体攻关来实现，未来应该加

大对海外人才团队的引进力度。团队引进模式具有研究起点高、成果转化快的优势，能够很好地引进国外的管理理念、管理制度。要牵头组织一批国际大科学计划和工程，吸引高水平国际化科学团队、优秀工程技术团队参与大科学计划和工程项目的建设和管理。

3. 大力引进全球青年才俊

青年人才是最具创新活力、创新潜力的群体。聚天下英才而用之，要把战略重点放在吸引集聚全球青年才俊上。在中央和地方各类专项人才计划中，都应设立青年人才专项，用于引进全球优秀青年人才。一是要瞄准未来科技创新和产业发展方向，根据国家经济社会发展的战略需求，制定海外优秀青年人才引进规划。二是要适当降低海外青年人才引进的“门槛”和评价标准，改革遴选程序和方法，关注青年“潜才”、“怪才”和“偏才”，做到“不拘一格降人才”。三是要持续搭建各类国际化创新创业平台，吸引和激励海外青年人才来华创新创业。四是要加大中外青年人才交流合作力度，举办全球青年人才论坛、创新夏令营、创新创业大赛等，发现并挖掘优质后备青年人才。五是要立足国际合作办学引才育才方式，打造人才国际化培养新阵地。

4. 大力发展全球人才总部经济

要做大做强做优全球人才总部经济，一是要健全全球精准招才聚才联动机制和跟踪服务机制，引进一批更高能级、更有影响力的标杆型人才总部企业。二是要建设国际人才组织总部基地，吸引集聚全球各类人才组织，包括各类专业协会、研究院、智库等；举办以人才为主题的中国主场外交活动，邀请全球一流科学家、思想家、艺术家、企业家共话世界未来，形成对全球顶尖人才的集聚。三是要引进和建设更高规格的各类社会组织，礼遇全球高端人才，培养造就一大批具有家国情怀和国际视野，熟悉国际通行规则，具有较强跨文化沟通能力和专业水平的国际化人才、国际组织人才。

（五）营造人才生态，形成“近悦远来”的环境优势

当前，世界百年未有之大变局加速演进，以产业、平台、政策、环境等为基础构建的人才生态系统成为吸引全球创新人才的关键。加快建设世界重要人才中心和创新高地，其实质是把人才与创新紧密地结合起来，打造全球人才创新的生态高地。我们只有大力建设尊重劳动、尊重知识、尊重人才、尊重创造的社会环境，公正平等、竞争择优的制度环境，鼓励创新、宽容失败的工作环境，待遇适当、保障有力的生活环境，遵循市场经济规律和人才成长规律，才能形成吸引集聚全球创新人才的良好生态。

通过在北京、上海和广州等主要城市试点建设国际人才社区，可以发现，拥有多元文化、创新事业、宜居生活、贴心服务的国际人才社区，能有效提高城市对海外高端人才的吸引力和涵养力，使拥有不同文化背景的海外人才都能在当地发挥才干、安居乐业。良好的城市人才生态有利于打响人才品牌，提升城市和城市群的国际知名度和影响力，打造聚才引才强磁场。

第八章 人 / 才 / 强 / 国

持续深化人才发展体制机制改革

人才发展体制机制管根本、管长远，是影响人才集聚和发挥效能的根本性问题。深化人才发展体制机制改革，既是全面深化改革的重要组成部分，也是党的建设制度改革的重要内容。破除人才发展的体制机制性障碍，能够持续释放人才创新创造活力，以人才发展的体制机制建设促进形成人才国际竞争比较优势，进而转化为创新优势、竞争优势和发展优势，为全面建设社会主义现代化国家提供强有力的人才支撑。

一、深化人才发展体制机制改革的主要成就

2016 年，中共中央印发《关于深化人才发展体制机制改革的意见》，以激发人才发展动力和创新活力为导向，围绕向用人主体放权，为人才松绑，大力推进人才培养、评价、流动、激励、引进等重点领域和关键环节改革。随后，中央和国家相关部门出台相关改革措施 30 多项，制定配套政策文件 140 余项，各省区市出台改革政策 700 多项，人才发展体制机制改革取得突破性进展。

（一）人才管理体制改革深入推进

第一，政府人才管理职能转变。2013—2017 年，国务院分 7 批审议通过取消国务院部门职业资格许可和认定事项共 434 项，其中专业技术人员职业资格 154 项、技能人员职业资格 280 项，国务院部门设置的职业资格许可和认定事项已取消 70% 以上。2017 年，人社部印发《进一步减少和规范职业资格许可和认定事项的改革方案》，要求进一步减少和规范职业资格许可和认定事项，并提出实施国家职业资格目录清单管理制度。2018 年，国务院办公厅印发《关于抓好赋予科研机构和人

员更大自主权有关文件贯彻落实的通知》，大力推进科技领域“放管服”改革，在完善科研项目资金管理、提升科研绩效、推进科技成果转化等方面多措并举，赋予科研单位和科研人员更大自主权。2021年，国务院办公厅出台《关于改革完善中央财政科研经费管理的若干意见》，就改革完善中央财政科研经费管理，提出扩大科研项目经费管理自主权，完善科研项目经费拨付机制，加大科研人员激励力度，减轻科研人员事务性负担，等等。这些改革举措有效推动了职业资格认定、科研经费管理、科技成果转化等领域的人才管理部门简政放权，消除对用人主体的过度干预，有利于政府人才管理职能进一步转向宏观管理。

第二，用人主体自主权进一步扩大，突出表现在自主评价权、自主薪酬分配权等方面。2017年，教育部等5部委在高校学科专业、编制、岗位、进人用人、职称评审、薪酬分配等方面扩大高校用人自主权，提出试点高校人员总量实行动态调整，鼓励高校推进内设机构取消行政级别，全面下放高校职称评审权。2017年，中共中央办公厅、国务院办公厅印发《关于深化职称制度改革的意见》，明确提出科学界定、合理下放职称评审权限，发挥用人主体在职称评审中的主导作用。对于开展自主评审的单位，政府不再审批评审结果，而是改为事后备案管理，这就逐步将高级职称评审权限下放到符合条件的市地和社会组织，推动高校、医院、科研院所、大型企业和其他人才智力密集的企事业单位按照管理权限自主开展职称评审。2017年，人社部印发《关于支持和鼓励事业单位专业技术人员创新创业的指导意见》，提出“事业单位绩效工资分配应当向在创新岗位做出突出成绩的工作人员倾斜。创新岗位工作人员依法取得的科技成果转化奖励收入，不纳入单位绩效工资”，“事业单位设置流动岗位，可按规定申请调整工资总额，用于发放流动岗位人员工作报酬”。

地方层面，江苏探索公立医院人员编制备案制管理；广东向省属重点高校推动岗位设置、公开招聘、薪酬分配等用人自主权改革试点；一些创新高地还出现了高度自治的新型研发机构，如北京纳米能源与系统研究所、浙江之江实验室等，以市场化的运作方式聚集了一批全球顶尖人才。

第三，人才市场体系不断发展，市场主体治理作用持续增强。2018年发布的《人力资源市场暂行条例》放宽了对经营性人力资源服务机构的行政许可，人力资源服务业持续健康发展。截至2021年底，全国共有各类人力资源服务机构5.91万家，从业人员103.15万人，年营业收入2.46万亿元。2021年，全行业为3.04亿人次劳动者提供了各类就业服务，为5099万家次用人单位提供了专业支持；培训劳动者2662.22万人次，有力促进了就业大局稳定和人力资源顺畅流动配置。①依托中心城市、围绕主导产业、服务实体经济，人才服务产业园体系不断完善，全国共建成24个国家级人力资源服务产业园，集聚人力资源服务企业4120家，入驻园区企业年营收4063亿元，成为人力资源服务业创新发展高地，对推动产业转型升级、促进区域协调发展发挥了重要作用。各省市也积极组建人才服务平台，如人才集团、服务中心和人才工作站等。2021年4月，全国首家省级人才集团——山东人才发展集团有限公司成立；此后，浙江省人才发展集团、广州人才集团等省市人

① 《人力资源服务行业——去年为3.04亿人次劳动者提供就业服务》，《人民日报》2022年5月22日第1版。

才服务机构相继成立。

第四，社会力量参与人才发展治理不断深入。部分地区成立了人才工作协会、人才开发基金会、人才研究机构等社会组织，为人才量身打造多元化、多维度、便捷高效的服务体系，在政策培训、企业管理培训、人才评价、行业自律、诚信建设等影响创新生态的要素方面发挥了积极作用。其中，社会组织在人才评价方面的表现尤为亮眼，一些协会或学会有序承接了政府下放的职称评审职能。例如，深圳率先探索将电子技术、建筑设计、医疗器械等专业职称评审职能全部转移给行业协会组织，到 2018 年，已有 118 项社会化职称的评审由行业协会承接。同时，深圳允许社会组织在不低于全省要求的前提下，制定行业人才评价标准，创新人才评价方式，建立健全以同行专家评审为基础的业内认可的人才评价机制。

（二）人才评价机制不断创新

逐步建立有利于人才潜心研究，以价值、能力、贡献为导向的人才评价机制，可以有效推动人才评价科学化水平的不断提高。2015 年 9 月，中小学教师职称制度改革全面推行，增设正高级职称，使评价对象拥有和教授、研究员同样的职业发展空间。2017 年初出台的《关于深化职称制度改革的意见》，进一步完善了职称评审条件，丰富了职称评价方式。2018 年，中共中央办公厅、国务院办公厅印发《关于分类推进人才评价机制改革的指导意见》，强调建立科学的人才分类评价机制，对于树立正确用人导向、激励引导人才职业发展、调动人才创新创业积极性具有重要作用。同年，中共中央办公厅、国务院办公厅印发《关于深化项目评审、人才评价、机构评估改革的意见》，指出要逐渐克服学术领域、科技领域“唯论文、唯职称、唯学历、唯奖项”的“四唯”倾向，推动人才称号回归学术性、荣誉性本质；建立人才分类评价指标体系，建立多元化的评价和激励机制，外语、计算机等不再作为应用型人才和基层一线人才职称评审的限制性条件。2021 年，国务院办公厅印发《关于完善科技成果评价机制的指导意见》，要求不断健全完善科技成果分类评价体系，通过评价激发科技人员积极性。

在中央人才评价政策的指引下，地方陆续出台人才评价改革举措。例如，山东 2020 年制定《山东省高层次人才评价标准指引（试行）》，强调要树立“不唯帽子唯实绩、不唯头衔唯能力”的人才评价导向，突出以业绩、实绩、能力为重点的评价指标，激发人才创新创业创造活力。四川出台深化科研项目评审、科技人才评价、省级科研机构评估三个专项改革实施方案，进一步优化科研项目评审管理机制、改进科技人才评价方式、完善省级科研机构评估制度。同时，一些地方还积极探索如何在人才引进过程中实现市场化评价。例如，北京改变以往重点人才工程由政府牵头主导，领军企业和重点用人单位在人才引进评价中自主作用较小的局面，给予纳入试点范围的重点领域高科技企业或机构海外人才工程人选自主认定权，以此推动市场主体按需引才。福建探索授权设区市认定、探索企业自主认定、设置可拓展条款等，使人才评价方式更加多元、更加灵活。重庆江津针对人才评价难点，形成专家评价、动态评价、用人主体自主评价等评价机制。贵州遵义杜绝“以帽取人”，把在农村发展进程中实现经济效益情况、带领农民致富的示范作用发挥情况等作为考核乡村人才的主要依据。山西晋中坚持面向基层、“唯才是举”，设置组织推荐、个人自荐和社会举荐三个人才推荐渠道。

（三）人才流动机制逐渐顺畅

党的十八大以来，从中央到各地都积极探索畅通人才流动机制，破除人才流动障碍，人才的国际、国内流动更加顺畅。在人才国际流动层面，通过留学进修、访问学者、联合培养等方式推动国际人才交流，人才“请进来”与“走出去”步伐加快。国家公派留学项目累计派出 18 万余人，科技部支持科技人员“走出去”110 余万人次，出国（境）培训超过 23 万人。人才回国（来华）更加便利。2017 年，全面实施外国人来华工作许可证制度，建立健全、统一、权威、高效的外国人才管理体制，加强对外国来华人才的管理。2019 年，国家移民管理局在全国范围内推广 12 条移民与出入境便利政策，扩大了外国人才申请永久居留、长期签证等的对象范围。①

在人才国内流动层面，畅通党政机关、企事业单位、社会各方面的人才流动渠道，推动人才在全国范围内的纵向和横向流动。具体来讲，在跨所有制的人才流动方面，2015 年，国务院印发《关于进一步做好新形势下就业创业工作的意见》，鼓励高校、科研院所等事业单位专业技术人员在职创业、离岗创业；2019 年，人社部印发《关于充分发挥市场作用促进人才顺畅有序流动的意见》，全面推行机关和事业单位

① 《聚天下英才而用之——党的十八大以来我国人才事业创新发展综述》，《人民日报》2021 年 9 月 28 日第 1 版。

养老保险制度改革，打破养老保险制度的制约，促进人才流动。在促进人才向艰苦边远地区和基层一线流动方面，党的十八大以来，累计选派 2596 名博士服务团成员到西部地区服务，实施“牵手计划”，推动东西部地区开展人才结对帮扶等。[①] 以上举措的出台，极大顺畅了人才流动机制，形成了能够充分发挥人才效能的流动制度。

（四）人才激励机制更加完善

党的十八大以来，我国人才激励制度改革持续推进，对各类人才在兼职服务、成果转化、技术推广、产品开发中的权益进行保护，将人才的知识、技术价值纳入分配、期权、股权等权益保护之中。同时，允许失败、宽容失败的观念逐渐深入，激励政策越来越体现对知识和人才的尊重。2015 年，十二届全国人大常委会修订《中华人民共和国促进科技成果转化法》，对提高科技人员奖励比例作出规定，切实推广完善与工作业绩紧密联系、以增加知识价值为导向、由市场评价要素贡献并按贡献分配的激励机制。中科院深圳先进技术研究院推行“楼上创新楼下创业”，累计孵化企业 1248 家。[②] 2017 年，四川印发《四川省职务科技成果权属混合所有制改革试点实施方案》，在全国率先探索开展职务科技成果权属混合所有制改革试点。在此期间，四川大学规定，成果完成人选择与学校共同作为“成果所有权人”，可享受 50%—90% 的成果所

① 《聚天下英才而用之——党的十八大以来我国人才事业创新发展综述》，《人民日报》2021 年 9 月 28 日第 1 版。

② 《聚天下英才而用之——党的十八大以来我国人才事业创新发展综述》，《人民日报》2021 年 9 月 28 日第 1 版。

有权，并按所有权权属比例享受相应的权益。2020 年，中央全面深化改革委员会审议通过《赋予科研人员职务科技成果所有权或长期使用权试点实施方案》，强调赋予科研人员职务科技成果所有权或长期使用权，且通过赋予科研人员职务科技成果所有权或长期使用权，实施产权激励。通过不断完善科技成果转化激励政策，着力破除制约科技成果转化的障碍和樊篱。为在精神层面激励广大人才，国家建立健全功勋荣誉表彰制度，一大批各行业、各领域拔尖人才获得诸如“共和国勋章”“七一勋章”“人民科学家”“人民艺术家”“人民教育家”等称号，极大激发了各类人才的积极性。

通过持续深化人才发展体制机制改革，人才满意度、获得感不断增强，新一轮制度红利正在激发释放，推动形成有利于人才成长的培养机制、有利于人尽其才的使用机制、有利于竞相成长各展其能的激励机制、有利于各类人才脱颖而出的竞争机制，把各方面优秀人才集聚到党和人民事业中来。

二、深化人才发展体制机制改革面临的形势与任务

习近平总书记在中央人才工作会议上指出："人才发展体制机制改革'破'得不够、'立'得也不够，既有中国特色又有国际竞争比较优势的人才发展体制机制还没真正建立。"主要体现在：一是传统人事管理制度仍未打破，用人单位缺乏用人自主权，政府过度干预长期存在，导致有的用人单位受身份、编制、职数的限制无法引进优秀人才，有的用人单位因为在薪酬待遇方面没有自主权，只能简单地以工龄、文凭、职称来挂钩定级，无法有效激励人才。二是长期以来，一些部门和单位习惯把人才管住，许多政策措施还是着眼于管，而在服务、支持、激励等方面措施不多、方法不灵，即以官本位、行政化的传统思维，简单套用行政管理的办法对待科研工作，像管干部那样管人才，对人才管得过多、过细、过死，导致人才资源不足、活力不强、效益不高，抑制了人才创新创造的积极性。三是人才评价标准仍然比较单一，对各类人才简单套用一把尺子来衡量，习惯论资历、讲学历、看年龄，"四唯"现象严重，突出创新价值、能力和贡献的人才评价制度尚未形成、人才分类评价制度没有建立、人才动态性评价机制还不完善。针对以上问题，要以向用人主体授权、积极为人才松绑、完善人才评价体系三方面为重

点，深化新时代人才发展体制机制改革。

政府首先要明确自身职能定位，划定同用人主体、市场及社会的边界，在自身边界范围内发挥制度主体作用，同时由用人主体结合本单位发展的实际和条件，最大限度发挥其在人才引进、招聘、评价、发现、培养、使用、激励和保障中的主体作用，发挥市场配置人才资源的决定性作用，以市场力量和价格杠杆评价人才、配置人才和使用人才。在政府与人力资源市场关系方面，要加大经营性服务分离改革力度，逐步实现职能分开、机构分设、业务分离、分类管理，实现人才相关社会组织与主管部门真正脱钩，依法自治，由隶属关系转变为合同关系，通过承接政府购买的公共服务，积极发挥非政府性、非营利性组织的中介作用。同时，政府应通过购买服务、税收优惠、资金扶持等多种方式培育发展专业性、行业性人力资源服务机构。

第一，建立人才工作权力清单、责任清单、负面清单制度，充分向用人主体授权。既要做到纵向各层次、横向各部门的合理分权和分工，又要明确各部门、各岗位之间的权责关系。通过清单管理，推进政府职能改革，理顺行政部门与用人主体之间事权、人权、财权的关系，从制度上明确各自的权责边界，维护好用人主体的独立法人地位和在机构编制管理、组织人事管理、科研项目管理、财务经费管理、外事出国入境管理、政府采购管理、福利保障管理等方面的自主权限，真正实现政企分开、政事分开、政社分开。

要充分认识用人主体在人才发展中的地位和作用。高校、科研院所等各类企事业单位是广大科技人才创新创业的集聚平台，也是实施新时代人才强国战略的责任主体。作为用人主体，肩负着为党和国家实现科技自立自强的战略使命，履行着人才培养、使用、评价、支持、激励等方面的直接责任。因此，在负面清单范围外，用人主体享有更广泛的自主权，如编制管理自主权、录用人才自主权、聘用方式自主权、评定职称自主权、科研经费分配管理自主权、设岗职数自主权、晋升自主权、薪酬管理自主权、表彰奖励自主权、绩效考核自主权、教育培训自主权、人才流动自主权、免职辞退自主权、惩戒处分自主权、退休延期自主权等。

第二，积极为人才松绑，将人才从官僚主义、形式主义的束缚中解放出来。松绑的本质意义是解放人才，核心是赋予科学家更大技术路线决定权、更大经费支配权、更大资源调度权。对探索性强、研发风险高的前沿领域科研项目，建立尽职免予追责机制，从而实现以信任和尊重为基础的人才管理体制机制。在经费管理方面，推进业财融合、无纸化报销，全面落实科研财务助理制度，在项目预算编制和调剂、经费支出、财务决算和验收等方面为人才提供专业财务服务，从而让人才腾出更多时间和精力，激发人才创新创造活力。2022 年 7 月，科技部、财政部、教育部、中科院、自然科学基金委印发《关于开展减轻青年科研人员负担专项行动的通知》，采取减少考核频次、精简过程检查报告数量和篇幅等措施，减轻青年科研人员压力。

第三，有效解决青年科研人员面临的崭露头角机会少、成长通道窄、评价考核频繁、事务性负担重等突出问题，保障青年科研人员将主要精力用于科研工作，充分激发青年创新潜能与活力。在环境营造方面，要积极为人才营造宽松的创新环境，减少人才参加非学术性、应景性、应酬性活动，精简会议频次和规模，设立“无会日”“无会周”等，将人才从“工作讲排场、追求高规格”的形式主义中解放出来。例如，《清华大学关于新时代进一步实施人才强校核心战略的若干意见》提出，设立“无会日”，畅通人才服务的“最后一公里”，努力营造良好氛围，让青年教师静心育人、潜心科研、幸福生活。对人才参加的评审、鉴定等活动，实行目录清单管理，严格准入审查，杜绝人才把宝贵科研时间浪费在迎来送往和应景性工作上。在信息管理方面，用人主体要建立“信息只填一次”机制，建立统一的人才信息平台，加强信息共享，解决多头、临时、重复填报和提交信息等问题。

第四，以“破四唯”为重点，改革人才评价机制。2022 年 6 月，中央全面深化改革委员会第二十六次会议审议通过《关于开展科技人才评价改革试点的工作方案》，围绕国家科技任务用好用活人才，创新科技人才评价机制，以激发科技人才创新活力为目的，以“评什么、谁来评、怎么评、怎么用”为着力点，以“破四唯”和“立新标”为突破口，以深化改革和政策协同为保障，按照创新活动类型构建以创新价值、能力、贡献为导向的科技人才评价体系，引导各类科技人才人尽其才、才尽其用、用有所成，为实现高水平科技自立自强和建设世界科技强国提供有力人才支撑。根据中央文件精神，在“破四唯”方面要进一步整合清理职称、人才称号、科研项目管理等人才评价政策，论证评价的必要性、评价主体的合理性、评价标准的科学性和可行性，同时积极建立与国际对接的职业资格互认目录清单，加快建立以创新价值、能力、贡献为导向的人才评价“新标”，全面、准确、动态地评价人才。对于基础理论研究人才，评价要以理论贡献、学术贡献为主，多采用同行评价，加强国际评价；对于技术技能人才，评价要以技术成果为主，多采用业内评价、第三方评价；对于应用创新人才，要突出效益指标，主要由市场和用户来评价。

进行人才评价时，还要综合考虑团队协作、个人贡献、成果价值、发展潜力等多方面因素，避免各种人才称号“一锤定音”，一顶人才帽子“终身受用”。对于青年人才，要避免仅以有署名的成果作为考核评价的依据，着重评价青年科研人员实际工作贡献。在科研相关绩效考核评价中，根据岗位特点分类设置评价指标，对履行岗位职责、参与的科研工作、发表的高水平论文、成果转化成效等情况均应作为贡献予以认可。对于高校、科研院所等企事业单位，政府要放心大胆地让他们自主评审，以调动用人主体的积极性。在评定方式上可以更加灵活多样，用不同的“尺子”去衡量。

第五，创新人才激励机制。从股权期权、奖金福利等方面加大对科技创新人才的激励力度，为人才提供具有全球竞争力的薪酬待遇。在成果转化方面，要为创新成果转化提供一条龙服务，将人才从具体流程中解放出来。对于职务科技成果，要根据成果形成过程中所获得的财政资金比例、占用公共资源的情况等因素，科学、合理确定资源占用系数，以此确定用人主体与人才的权责配置比例，并由用人主体与人才团队签订权责比例分配协议加以明确，从而形成针对单位、发明人和科技成果转化单位等各参与主体的有效激励机制，打通“从实验室到市场”的高速通道，强化科技成果转化对人才的激励作用。同时，要强化表彰奖励等精神激励。例如，福建通过在各类媒体上进行《八闽人才》纪录片的系列宣传报道，广泛宣传一批优秀人才，对人才形成了较好的精神激励。

第六，健全人才顺畅流动机制。为了进一步发挥市场在人才资源配置中的决定性作用，提高人才资源配置效率，必须健全人才顺畅流动机制，实现人才顺畅有序流动。首先，要破除人才流动中的体制壁垒和机制障碍，搭建人才沟通交流平台，畅通科技人才在高校、科研院所与企业之间的流动渠道，为高层次科技人才开设绿色通道，加速科技人才向企业集聚。其次，要推动人才跨领域、跨区域、跨部门一体化配置，促进城乡、区域、行业之间人才的顺畅流动，鼓励更多科技人才支持艰苦边远地区企业的创新发展。2022 年 3 月，科技部等 9 部门印发《“十四五”东西部科技合作实施方案》，提出设立“人才飞地”、建立高端人才双聘机制等促进人才柔性流动的举措，支持高层次人才向宁夏、甘肃等地流动。人才作为生产力的第一要素，是区域发展中最活跃的要素。当前，区域人才发展战略的分割化、区域人才政策的碎片化和区域人才竞争的无序化，仍是区域发展进程中不可回避的重要问题。因此，必须从体制、政策、方法上创新求进，在育才、引才、用才等方面同向发力，吸引人才、培养人才、用好人才、服务人才，实现区域协调发展与人才区域合理布局和协调发展同步。

三、构建适应现代化建设的人才制度体系

当前，我国构建适应高质量发展的人才制度体系的基本框架应由三层制度构成。党对人才工作的全面领导是最顶层的人才工作领导体制，这是做好人才工作的根本保证，在人才制度体系中起着决定性作用。第二层是人才发展治理的制度体系，主要是发挥市场在人才配置中的决定性作用，以及更好发挥政府作用，其在人才制度体系中起着基础性作用。第三层是以国家科技自立自强为导向，以建设全球人才高地为核心，建立多项针对性强、机制优化、运行高效的人才制度，包括国家战略人才制度、人才发展空间协同治理制度、国际人才开放与人才安全制度、人才自主培养体系制度、人才数字化技术支持制度等，这些具体人才制度旨在增强我国人才制度体系的全球竞争力和比较优势，在人才制度体系中起着支撑性作用。

（一）党对人才工作的全面领导

党对人才工作的全面领导，保证人才工作始终坚持正确的政治方向。构建具有全球竞争力的人才制度体系，是人才工作中带有根本性、

全局性、稳定性和长期性的重大问题，必须把坚持正确的前进方向摆在首要位置。这就要求必须坚持党对人才工作的全面领导，充分发挥党把方向、谋大局、定战略的核心作用。党对人才工作的全面领导，彰显了中国共产党的政治优势。坚持党对人才工作的全面领导，能够在宏观层面形成一个具有引领性、协调性的顶层治理架构，发挥党总揽全局、协调各方的人才工作领导作用，保证党在人才工作中的号召力、协调力和感召力，有利于形成人才治理强大合力。

这一人才工作领导体制包括机构设置、职业分工、工作考核等组织领导制度，解决“谁来管”的问题；决策、执行、检测评估等工作运行制度，解决“怎么管”的问题；规划、改革、人才吸纳、人才服务等重点工作制度，解决“管什么”的问题。

（二）构建人才发展治理的制度体系

人才发展治理的制度体系遵循社会主义市场经济规律和人才成长规律，确立人才引领发展的战略地位，充分发挥政府、市场、社会、用人单位和人才主体作用，从而构建更加开放、更具活力、更加有效的人才发展治理框架，形成科学规范、开放包容、运行高效的人才发展治理体系。

这一制度体系的主要内容是在坚持党对人才工作的全面领导下，构建“五位一体”的人才治理新格局，即由全能型政府向有限性政府转变，由政府一元化主导向政府、市场、社会、用人单位、人才的多元化协同治理转变，管理重点由优惠政策供给向营造人才开放生态环境转变，由

“强政府、弱市场”的干预效应向“强政府、强市场、强社会、强单位、强人才”的生动局面转变。促进市场主体、社会组织、用人单位、人才团体等非政府主体发挥人才治理效能，形成灵活高效、开放包容的多元共治人才治理体系。

（三）建立多项针对性强、机制优化、运行高效的人才制度

围绕世界重要人才中心和创新高地建设，深耕人才制度改革试验田，允许人才管理模式和政策具有优先性和特殊性，使市场主体享有更加宽松的改革权和试验权。

构建具有全球竞争力的国家战略人才制度，要以国家战略为导向、以高质量发展为牵引，充分发挥我国社会主义集中力量办大事的制度优势，在新型举国体制下，建立战略科学家脱颖而出、一流科技领军人才和创新团队充分发挥效能、卓越工程师尽展其能、青年科技人才活力竞相迸发的人才制度体系，形成国家战略人才梯队。

建设人才发展空间协同治理制度，要建立以中央和非行政区划为基础的人才高地领导制度，高质量建设具有全球影响力的创新平台，先行先试开展人才政策改革试点，建立完善国际人才引进、培养、评价、使用、激励、保障机制，打造具有国际竞争力的人才发展生态环境。

建立国际人才开放与人才安全制度，要面向全球引才，拓宽引才渠道、丰富引才方式，主动发起国际大科学计划、建立国际科技载体，推进国际合作。要进一步扩大人才开放，探索建立技术移民制度、“人

才绿卡”制度和“华裔人才卡”制度，支持海外青年人才来华创新创业，建立国际互认的职业资格制度。同时，必须高度重视人才安全。要建立人才安全评价与预警机制，围绕税收、知识产权保护等内容建立与各国法律相衔接的合作规则，建立人才数据安全防护体系、制定人才数据安全维护办法、制作人才敏感数据清单，有效保护人才隐私，从而形成全过程的人才安全保护机制。

完善人才自主培养制度，核心是提高青年人才创新能力。要建立不拘一格、大胆使用青年人才的支持机制，在项目、资源分配上向其倾斜，支持青年人才挑大梁、当主角。建设“请进来”和“走出去”相结合的人才开放培养体系，拓宽青年人才视野。完善青年人才评价体系，提供容错空间，以更加包容的制度鼓励青年人才大胆创新。在薪酬待遇、住房、子女入学等方面加大对青年人才的支持，解决其实际困难，让他们安身、安心、安业。

建构人才数字化技术支持制度，要明确人才工作的数字化思维，基于数字化技术，全方位重构人才发展治理的机制、架构、方式、流程、手段，实现人才治理流程再造、规则重构、制度创新和智慧监管。要围绕重大发展战略、重大专项和重大工程，建立人才数据监测制度，对国际人才供求信息、薪酬信息、政策信息、培训信息等各类信息资源进行实时管理、动态监测和精准预测。

（四）营造良好的人才法治环境

人才环境是一个整体性概念，指与人才引进、培养、使用、评价、流动、激励、保障密切相关的政治、经济和社会文化环境。人才法治环境的基本内涵是政治、经济和社会文化环境的法治化。最好的人才环境是法治环境，法治环境是建设世界人才高地的首要环境，只有将具有全球竞争力的人才制度体系以法律法规的形式固化下来，才能形成人才双向开放的制度体系，用好全球创新资源，形成国际人才竞争比较优势。首先，要坚持科学立法、民主立法、依法立法，提高人才立法质量和效率，发挥人才立法的引领和推动作用。其次，要严格执法、公正司法，解决人才工作中不规范、不严格、不作为、乱作为问题，充分保障人才合法权益，形成高效的人才法治实施体系。再次，各级人才工作部门要自觉维护法律权威，保证人才工作各环节在相关法律允许范围内进行。最后，要建立用人主体的责任清单和负面清单制度，明确用人主体与人才的权利义务，人才应自觉用法律规范自己的行为、积极运用法律手段维护自身合法权益。

第九章 人 / 才 / 强 / 国

加强党对人才工作的全面领导

坚持党对人才工作的全面领导，是习近平总书记在2021年中央人才工作会议上总结的我国人才事业发展的第一条规律性认识。党的十八大以来，以习近平同志为核心的党中央作出实施新时代人才强国战略的重大部署，人才发展体制机制改革不断深化，人才投入不断增加，人才总量不断增长，人才结构不断优化，人才素质显著提升，人才创新效能持续释放，我国人才工作取得历史性成就、发生历史性变革。实践证明，要建成人才强国，必须坚持党的全面领导。

一、深入实施人才强国战略的根本保证

办好中国的事情，关键在党，关键在人，关键在人才。中国特色社会主义最本质的特征是中国共产党领导，中国特色社会主义制度的最大优势是中国共产党领导，中国共产党是中国特色社会主义事业的领导核心，是最高政治领导力量。因此，坚持党的全面领导，是深入实施人才强国战略的根本保证。

（一）坚持党的全面领导为做好新时代人才工作指明正确方向

100多年来，中国共产党始终坚持马克思主义的指导地位，将马克思主义基本原理同中国具体实际相结合、同中华优秀传统文化相结合，不断进行理论创新，深刻回答了新时代人才工作的一系列重大理论和实践问题，形成了独具中国特色的人才理论。

中国共产党自成立起，就十分重视人才工作。大革命时期，党通过开办工人夜校、农民讲习所等方式，培养了大批工农革命人才。抗战时期，毛泽东强调，“共产党必须善于吸收知识分子”，“没有知识分子的参加，革命的胜利是不可能的”。在党的感召下，4万余知识分子奔赴延安，不仅服务于宣传抗战和唤起民众的事业，而且为党领导下的民族解放事业提供源源不断的精神食粮和智力支持。新中国成立后，毛泽东指出，要“争取一切爱国的知识分子为人民服务”，强调对知识分子“要团结他们”，“要使用他们，同时对他们进行改造”。200 多万旧政权知识分子成为推动新中国各项事业发展的重要人才资源，以钱学森、邓稼先等为代表的一批学者成为新中国建设无比珍贵的人才资源。改革开放和社会主义现代化建设时期，党提出“尊重知识、尊重人才”的重要方针，作出“人才资源是第一资源”的科学判断，大力实施人才强国战略，人才工作得到极大发展。党的十八大以来，以习近平同志为核心的党中央立足新时代历史方位，聚焦国家发展战略全局，作出人才是实现民族振兴、赢得国际竞争主动的战略资源的重大判断，作出全方位培养、引进、使用人才的重大部署，深刻回答了为什么建设人才强国、什么是人才强国、怎样建设人才强国的重大理论和实践问题，形成了坚持党对人才工作的全面领导，坚持人才引领发展的战略地位，坚持面向世界科技前沿、面向经济主战场、面向国家重大需求、面向人民生命健康，坚持全方位培养用好人才，坚持深化人才发展体制机制改革，坚持聚天下英才而用之，坚持营造识才爱才敬才用才的环境，坚持弘扬科学家精神共八条关于我国人才事业发展的规律性认识，为做好新时代人才工作提供了科学的思想指引和行动指南，确保人才工作始终沿着正确的方向前进。

（二）坚持党的全面领导是我国人才工作取得历史性成就的宝贵经验

党的十八大以来，以习近平同志为核心的党中央始终坚持发展是第一要务、创新是第一动力、人才是第一资源，确立人才引领发展的战略地位，发挥重大人才工程牵引作用，深化人才发展体制机制改革，激发各类人才创新活力。各地区各部门高度重视人才工作，将人才工作作为一项重要政治任务，始终坚持“一把手”抓“第一资源”，以“咬定青山不放松”的定力牢牢扭住人才这个引领发展的关键，人才工作一届接着一届干，人才投入力度一届更比一届大。在党的全面领导下，新时代人才工作取得历史性成就、发生历史性变革。全国人才资源总量从 2010 年的 1.2 亿人增长到 2019 年的 2.2 亿人，其中专业技术人才从 5550.4 万人增长到 7839.8 万人。各类研发人员全时当量达到 480 万人年，居世界首位。我国研发经费投入从 2012 年的 1.03 万亿元增长到 2020 年的 2.44 万亿元，居世界第二。世界知识产权组织等发布的全球创新指数显示，我国排名从 2012 年的第 34 位快速上升到 2021 年的第 12 位。[①]

（三）坚持党的全面领导是我国人才工作最根本的政治优势

当前，世界百年未有之大变局加速演进，新一轮科技革命深入发

① 习近平：《深入实施新时代人才强国战略　加快建设世界重要人才中心和创新高地》，《求是》2021 年第 24 期。

展，人才短缺成为世界各国面临的共同问题，全球人才争夺趋于白热化。人才竞争的背后是制度的较量，只有拥有更具竞争力的人才制度，才能占据人才竞争的制高点，才能培养和集聚更多优秀人才，才能充分释放人才创新创造活力。党的十八大以来，以习近平同志为核心的党中央高度重视人才制度建设，一批涵盖人才培养、引进、使用、评价、服务保障的制度相继出台，形成中国特色人才制度体系，走出中国特色社会主义人才强国之路。

坚持党的全面领导是我国人才工作最根本的政治优势。在党的全面领导下，聚焦全面建成社会主义现代化强国的战略目标，要深入实施人才强国战略，实施更加积极、更加开放、更加有效的人才政策，以识才的慧眼、爱才的诚意、用才的胆识、容才的雅量、聚才的良方，把党内和党外、国内和国外各方面优秀人才集聚到党和人民的伟大奋斗中来。

（四）坚持党的全面领导是深入实施人才强国战略的必然要求

深入实施新时代人才强国战略，必须坚持党对人才工作的全面领导。党的十八大以来，以习近平同志为核心的党中央深入实施人才强国战略，始终将人才强国战略纳入经济社会发展全局进行总体规划、统筹推进。党的十八大报告提出“造就规模宏大、素质优良的人才队伍，推动我国由人才大国迈向人才强国”的战略任务；党的十九大报告强调“要坚持党管人才原则，聚天下英才而用之，加快建设人才强国”；党的十九届五中全会将建成人才强国确立为 2035 年远景目标之一；2021 年召开的中央人才工作会议就深入实施人才强国战略，加快建设世界重要人才中心和创新高地进行了战略部署；党的二十大报告指出，人才是全面建设社会主义现代化国家的基础性、战略性支撑，明确强调要深入实施人才强国战略，为中国式现代化提供人才支撑。

党管人才就是党要领导实施人才强国战略、推进高水平科技自立自强，加强对人才工作的政治引领，全方位支持人才、帮助人才，千方百计造就人才、成就人才。深化人才发展体制机制改革，真心爱才、悉心育才、倾心引才、精心用才，求贤若渴，不拘一格，把各方面优秀人才集聚到党和人民事业中来。

二、党领导实施人才强国战略的主要做法

党的十八大以来，党充分发挥自身的政治优势、组织优势和密切联系群众优势，履行管宏观、管政策、管协调、管服务职责，用政策凝聚人才、用环境发展人才、用机制激励人才、用法制保障人才，不断激发人才创新活力，释放人才创新效能，凝聚深入实施人才强国战略、实现中华民族伟大复兴的磅礴伟力。

（一）加强党的领导，完善领导体制

2003 年 5 月，中央人才工作协调小组成立，作为贯彻落实党管人才原则的重要议事协调机构，主要负责全国人才工作和人才队伍建设的战略规划、政策研究、宏观指导和工作协调等工作。2021 年中央人才工作会议后，党中央成立中央人才工作领导小组，作为在党中央领导下对人才工作进行重大战略决策的机构。从人才工作协调小组到人才工作领导小组，从议事协调机构到战略决策机构，凸显了以习近平同志为核心的党中央对人才工作前所未有的高度重视，进一步明确了党在人才工作中总揽全局、协调各方的核心作用，标志着党对人才工作的领导、统

筹、改革、决策能力全面增强。各级党委部门也相继成立了由党委“一把手”担任组长的人才工作领导小组，“一把手”抓“第一资源”的主体责任更加明确，“一把手”亲自抓、分管领导具体抓、各职能部门一起抓的人才工作领导体系更加健全。

一分部署，九分落实。各地建立了人才工作目标责任制，将人才工作列入各级领导班子尤其是基层党政领导班子考核内容，压实“一把手”抓人才工作责任。通过考核，督促各级各部门把抓好人才工作落实摆在更加突出的位置，确保党对人才工作的全面领导落到实处、取得实效。例如，为全面落实党对人才工作的全面领导，山东在全国率先开展人才工作目标责任制考核，以职责清单全面厘清党管人才工作职责；浙江探索实行地市党委“一把手”和有关省直部门主要负责同志向省委常委会作人才工作专项述职，有力促进了人才工作责任落实。

（二）加强战略管理，做好战略规划

习近平总书记指出，“战略问题是一个政党、一个国家的根本性问题。战略上判断得准确，战略上谋划得科学，战略上赢得主动，党和人民事业就大有希望。”国际层面，新一轮科技革命和产业变革蓬勃兴起，全球政治经济格局面临重塑，各国对人才的争夺日趋白热化；国内层面，我国的人才工作仍然面临许多反映强烈、亟待解决的突出问题。在此背景下，我们党以“咬定青山不放松”的战略定力确保人才工作行稳致远。

一是时刻保持战略清醒。保持战略清醒是增强战略定力的前提。

在人才工作中，始终坚持党的全面领导，牢固确立人才引领发展的战略地位，全方位支持人才、帮助人才，千方百计造就人才、成就人才，以识才的慧眼、爱才的诚意、用才的胆识、容才的雅量、聚才的良方，着力把党内和党外、国内和国外各方面优秀人才集聚到党和人民的伟大奋斗中来。

二是抓战略决策。党通过制定具有前瞻性、引领性、系统性的人才战略规划，为人才发展举旗定向。2022 年 4 月，中共中央政治局审议了《国家“十四五”期间人才发展规划》，这是“十四五”期间人才发展的纲领性文件。与此同时，各地各部门的人才发展规划也相继出台，形成了全方位的人才发展规划体系。

三是牢牢锁定战略目标。加快建设世界重要人才中心和创新高地，必须把握战略主动，做好顶层设计和战略谋划。习近平总书记在中央人才工作会议上指出：到 2025 年，全社会研发经费投入大幅增长，科技创新主力军队伍建设取得重要进展，顶尖科学家集聚水平明显提高，人才自主培养能力不断增强，在关键核心技术领域拥有一大批战略科技人才、一流科技领军人才和创新团队；到 2030 年，适应高质量发展的人才制度体系基本形成，创新人才自主培养能力显著提升，对世界优秀人才的吸引力明显增强，在主要科技领域有一批领跑者，在新兴前沿交叉领域有一批开拓者；到 2035 年，形成我国在诸多领域人才竞争比较优势，国家战略科技力量和高水平人才队伍位居世界前列。

四是主动抓住战略机遇。面对严峻复杂的国际国内形势，党始终保持战略主动，化危为机。2021 年中央人才工作会议作出在北京、上海、粤港澳大湾区建设高水平人才高地，在高层次人才集中的中心城市着力建设吸引和集聚人才的平台，加快建设承载国际一流人才创新创业平台的战略部署，为抢抓人才发展战略机遇奠定坚实基础。

（三）加强项目管理，坚持项目牵引

实施重大人才工程项目是实施人才强国战略的重要抓手。中央层面部署实施了“创新人才推进计划”“青年英才开发计划”“企业经营管理人才素质提升工程”“高素质教育人才培养工程”“文化名家工程”“全民健康卫生人才保障工程”“国家高技能人才振兴计划”“现代农业人才支撑计划”“边远贫困地区、边疆民族地区和革命老区人才支持计划”“高校毕业生基层培养计划”等，这些重大人才工程项目立足我国经济社会发展全局，集中优势资源，统筹推进了各类人才队伍的快速发展。

此外，各地各部门相继部署实施一批人才工程项目并取得了积极效果。浙江通过实施“鲲鹏行动”，集聚一批能闯无人区、敢闯无人区、善闯无人区的顶尖人才。四川自 2012 年以来，依托“天府峨眉计划”引进超过 2000 名高端人才和超过 140 个创新创业团队，依托“天府青城计划”先后培养支持超过 1000 名本土高层次人才。[①] 这些人才工程项目与中央的人才工程项目相互衔接、协同推进，为支撑我国经济高质量发展提供有力支撑。

① 《四川谱写科技自立自强新篇章——坚定沿着习近平总书记指引的方向前行》，《四川日报》2022 年 10 月 9 日第 1 版。

（四）加强协调管理，完善工作格局

党的十八大以来，各地各部门抓人才工作的积极性和主动性前所未有，党委统一领导，组织部门牵头抓总，职能部门各司其职、密切配合，社会力量广泛参与的人才工作格局更加完善。

一是组织部门发挥牵头抓总作用。组织部门是党员之家、干部之家、人才之家。各地组织部门在人才工作领导小组全面领导下，具体做好“四管”“七抓”工作，即全面落实管宏观、管政策、管协调、管服务的“四管”职能，突出抓战略、抓政策、抓项目、抓协调、抓保障、抓服务、抓安全的“七抓”职责，切实解决人才反映强烈的实际问题，为人才干事创业营造良好环境，让人才想干事、能干事、干成事。

二是各职能部门各司其职、密切配合。各级党委宣传部门，各级教育、科技、工信、安全、人社、文旅、国资、金融、外事等部门，要做好人才工作重大政策落实，重大工作推进，重点人才服务等工作。2021年中央人才工作会议后，科技部、财政部、教育部、中科院、自然科学基金委于2022年联合印发《关于开展减轻青年科研人员负担专项行动的通知》，聚焦青年科研人员成长问题，积极落实中央关于造就规模宏大的青年科技人才队伍的精神。

三是尊重市场规律，充分发挥市场在人才资源配置中的决定性作用。要进一步减少对市场的行政干预，充分利用市场机制，促进人才资源的合理流动、公平竞争、有效配置，给予用人单位更多的自主权。同时，要加强宏观调控，做好市场的培育、监管、服务等工作。2019年，中共中央、国务院印发《长江三角洲区域一体化发展规划纲要》，明确提出要促进要素市场一体化，坚决破除制约一体化发展的行政壁垒和体制机制障碍，建立统一规范的制度体系，形成要素有序自由流动的统一开放市场。

（五）加强改革管理，优化体制机制

体制新，人才聚；机制顺，活力增。以习近平同志为核心的党中央持续深化人才发展体制机制改革，破除人才培养、使用、评价、服务、支持、激励等方面的体制机制障碍，加快构建具有全球竞争力的人才制度体系。2016 年，中共中央印发我国第一个针对人才发展体制机制改革的综合性文件《关于深化人才发展体制机制改革的意见》。此后，从中央到地方相继出台近千项事关人才发展体制机制改革的政策，不断向用人主体授权，不断为人才松绑，人才创新生态不断优化，为各类人才的创造活力竞相迸发、聪明才智充分涌流，为人才工作的持续发展提供了强有力的制度保障。

在中央层面，2017 年 11 月，外专局、外交部、公安部印发《外国人才签证制度实施办法》，畅通国际高层次人才来华通道；2018 年 2 月，中共中央办公厅、国务院办公厅印发《关于分类推进人才评价机制改革的指导意见》，剑指人才评价痛点难点问题；2018 年 10 月，科技部、教育部、人社部、中科院、工程院 5 部门联合发布《关于开展清理“唯论文、唯职称、唯学历、唯奖项”专项行动的通知》，着力解决人才评价中的“四唯”问题；2019 年 12 月，中共中央办公厅、国务院办公厅印发《关于促进劳动力和人才社会性流动体制机制改革的意见》，打通人才流动通道；2021 年 8 月，国务院办公厅印发《关于改革完善中央财政科研经费管理的若干意见》，赋予科研人员更大的经费管理自主权，科研经费“包干制”试点从中央向地方深入推行。在地方层面，各地积极结合自身实际出真招、实招。石家庄出台《石家庄新型职业农民职称评审实施方案》，让农民评上职称，激励农业人才成长；天津推出“科创企业评职称”专项服务，破解科创企业研发人才精准评价难题；川渝人社部门联合发文，明确持有两地人社部门颁发的高级职称证书的专业技术人才，在跨地区、跨单位流动时，无须重新评审或确认。

（六）加强服务保障，优化人才生态

环境好，则人才聚、事业兴；环境不好，则人才散、事业衰。坚持党对人才工作的全面领导，优化人才服务保障是关键。近年来，党和国家积极优化人才的生活环境、工作环境、社会环境，让人才引得进、留得住、发展得好。

各地围绕如何解决人才后顾之忧这个问题，不断出台和落实多项政策措施，为人才办实事、解难事、做好事。河南打造“一站式”人才服务平台，为人才提供全方位、“保姆式”服务；合肥坚持将最美的风景留给人才，让人才在蓝天白云、青山绿水间工作、生活，实现优质的自然生态与人才创新的同频共振；广州黄埔首创“上管老，下管小”人才服务品牌，有效解决人才的后顾之忧。

各地各部门为人才搭建干事创业的平台，让平台成为引才聚才“强磁场”、干事创业“主战场”。北京确立中关村科学城、怀柔科学城、未来科学城和亦庄经济技术开发区为主体的“三城一区”科技创新主阵地，集聚 90 多所高校、1000 多家科研院所、128 家国家重点实验室和近 3 万家国家高新技术企业，是国家战略科技力量的集中承载地。浙江联合保险公司推出科研保、创客保、科创 E 保三款产品，重点为海内外高层次人才及所在科技企业或项目研发，以及研发团队生活经济补助提供保险保障，根据人才和项目类别提供最高 30 万元、100% 的保费补贴，让人才放下包袱，轻装上阵。

2021 年，人社部印发《人力资源和社会保障事业发展“十四五”规划》，明确“完善按劳动、知识、技术、管理等生产要素由市场评价贡献，按贡献决定报酬的机制，鼓励企业创新按要素贡献参与分配的办法，将工资分配与岗位价值、技能素质、实绩贡献、创新成果等因素挂钩，探索协议工资、项目工资、岗位分红权、项目收益分红、股权激励等多种分配形式”，让人才更有获得感。

（七）加强政治引领，凝聚人心力量

习近平总书记强调，“要加强对人才的政治引领，做好各类人才教育培训、国情研修等工作，增强他们的政治认同感和向心力，实现增人数和得人心有机统一。”加强对人才的政治引领，是我们党统筹中华民族伟大复兴战略全局和世界百年未有之大变局的必然选择，是党管人才原则在新时代的发展，是坚持党对人才工作的全面领导的重要体现和必然要求。通过对人才的政治引领，着力集聚爱国奉献的各方面优秀人才，把他们紧紧团结在党的周围，团结到党和国家的伟大事业中来，激发人才的使命担当，形成干事创业的强大力量。

一是引领人才建功立业。人才成就事业发展，事业发展造就人才。党的十八大以来，以习近平同志为核心的党中央立足经济社会发展全局，以中华民族伟大复兴的中国梦凝聚人才，将人才紧紧团结在党的周围，给人才压担子、搭台子、铺路子，积极引导人才坚持面向世界科技前沿、面向经济主战场、面向国家重大需求、面向人民生命健康，服务“国之大者”，为实现经济社会高质量发展提供强有力的人才支撑。

“卡脖子”技术一直是制约我国实现经济社会高质量发展、高水平科技自立自强的最大障碍。关键核心技术要不来、买不来、讨不来，解决这一问题必须靠自力更生。为改变我国在关键技术领域受制于人的被动局面，广大人才将“卡脖子”技术作为自己的科研清单，埋头苦干，量子科技、干细胞、脑科学等一批世界领先的创新成果不断涌现，载人航天、卫星导航等领域的“卡脖子”技术不断取得突破。

人才匮乏是制约艰苦边远地区和农村地区发展的关键因素。党的十八大以来，广大人才积极响应国家关于“鼓励引导人才向边远贫困地区、边疆民族地区、革命老区和基层一线流动”的部署，54.6 万名教师、医生、科技人员、社会工作者、文化工作者等各类人才奔赴艰苦边远地区、边疆民族地区和革命老区，50.4 万名“三支一扶”人员下沉基层，30 多万名“科技特派员”奔赴脱贫攻坚第一线，400 多位“院士专家行”成员分批深入田间地头、学校工厂，把论文写在中国大地上，为艰苦边远地区、边疆民族地区、革命老区和基层的发展注入了源源不断的人才力量。[①]

二是优化人才表彰奖励。2015 年 12 月 14 日，中共中央印发《关于建立健全党和国家功勋荣誉表彰制度的意见》，这是党和国家功勋荣誉表彰工作的总纲，确定了党和国家功勋荣誉表彰制度的总体要求、基本原则、类别设置、程序管理和组织实施等内容。2015 年 12 月 27 日，全国人大常委会通过《中华人民共和国国家勋章和国家荣誉称号法》，这是我国第一次以立法的形式对功勋荣誉表彰进行规定。2017 年 7 月，中共中央批准实施《中国共产党党内功勋荣誉表彰条例》《国家功勋荣誉表彰条例》《军队功勋荣誉表彰条例》《“共和国勋章”和国家荣誉称号授予办法》《“七一勋章”授予办法》《“八一勋章”授予办法》《“友谊勋章”授予办法》，确立了统一、规范、权威的功勋荣誉表彰制度体系。

党的十八大以来，多层级多类别多领域的功勋荣誉表彰体系日益丰富完备，有力激励全党全社会对标先进、力争上游。党的二十大报告指出：“发挥党和国家功勋荣誉表彰的精神引领、典型示范作用，推动全社会见贤思齐、崇尚英雄、争做先锋。”新时代新征程，我们要继续高擎功勋模范的精神火炬，引领全国各族人民不断开拓进取、建功立业，汇聚建设社会主义现代化强国的磅礴力量。

---

① 李向光：《让人才智力在基层一线生根开花——党中央鼓励引导人才向艰苦边远地区和基层一线流动回眸》，《中国人才》2022 年第 10 期。

三、建成人才强国的坚强领导和政治优势

党的二十大报告对于新时代深入实施科教兴国战略，强化现代化建设人才支撑，提出新的发展理念、新的战略布局、新的改革举措。站在新的历史起点、面对新的历史征程，要切实在党的全面领导下加快实施新时代人才强国战略，为现代化建设提供有力支撑。

（一）深入贯彻落实习近平总书记关于做好新时代人才工作的重要思想

习近平总书记关于做好新时代人才工作的重要思想，立足于新时代历史方位，根植于中国特色社会主义人才工作实践，是对新时代人才工作的规律性认识，为深入实施新时代人才强国战略提供了基本遵循和行动指南，具有重大理论和实践意义。

在今后的人才工作中，要从以下两方面增强建成人才强国的政治自觉、思想自觉和行动自觉。一是要深入学习贯彻习近平总书记在中央人才工作会议上的重要讲话精神，领会把握关于我国人才事业发展的规律性认识，锚定 2035 年跻身创新型国家前列、建成人才强国的远景目

标，加强顶层设计，做好人才工作战略布局，推动实现高质量发展。二是要深入学习贯彻党的二十大精神，深刻理解“强化现代化建设人才支撑”的人才工作新定位，“人才引领驱动”的人才工作新理念，充分发挥人才的引领作用、创新的驱动作用、教育的基础性作用，在强化现代化建设人才支撑这个总体要求下进行系统创新和力量整合，构建教育、科技、人才良性循环、整体推进的战略布局。

（二）坚持党对人才工作的全面领导

党的全面领导是中国特色人才制度的最大优势。坚持党对人才工作的全面领导是做好新时代人才工作、深入实施人才强国战略的根本保证。各级党委要提高政治站位，从讲政治的高度进一步认识坚持党对人才工作的全面领导的重要意义，以习近平总书记关于做好新时代人才工作的重要思想为指导，实施好新时代人才强国战略。

一是各级党委要发挥总揽全局、协调各方的领导核心作用，研究制定人才工作的重大战略、重要制度，及时解决人才工作中的重大问题，充分发挥党的思想政治优势、组织优势和密切联系群众优势，将党内和党外、国内和国外各方面优秀人才集聚到党和人民的伟大奋斗中来，将党管人才的制度优势转化为人才集聚优势、科技创新优势、国际竞争比较优势。二是加强部门协调和政策协调。人才工作是一项系统工程，要进一步完善党委统一领导，组织部门牵头抓总，有关部门各司其职、密切配合，用人单位主体作用充分发挥、社会力量广泛参与的党管人才工作格局，以打破地方之间、部门之间的樊篱，实现区域协同、部门协同，为做好人才工作提供有力保障。三是完善和落实人才工作目标责任制。各地方、各部门要结合本地方、本部门实际，及时将党中央的重大决策部署转化为具体可执行的政策措施，建立人才工作目标责任制度、党委主要领导人才工作专项述职制度，推动相关工作落地落实。四是配齐配强人才工作者队伍，加强工作培训，提升工作能力，减少职位调动，建立一支素质高、能力强，且相对稳定的人才工作者队伍。

（三）强化人才服务保障

人才服务保障是人才来得了、留得住、发展得好的重要因素，要不断强化新时代人才服务保障工作，提升集聚人才、发展人才的能级。

一是要转变以管理为导向的人才工作理念，转变用行政管理的办法对待人才的工作方式。人才工作要在服务、支持、激励等方面多想办法、多出政策。要遵循人才成长规律、社会主义市场经济规律、科学研究规律，赋予广大人才更大的技术路线决定权、经费支配权、资源调度权，让人才将更多的时间和精力用在科技创新研发活动上，让他们潜心科研、大胆创新。二是要加强人才服务平台整合，以省为单位建立涵盖线上线下的“一站式”人才服务平台，鼓励围绕国家重大战略部署，探索跨区域的人才综合服务平台。三是要构建人才多元投入机制，加强财政对人才工作的支持力度，积极引导金融机构发行人才类、创新类金融产品，通过税收优惠、财政补贴等方式引导企业、社会组织加大人才投入。四是要注重服务保障的精准化、精细化，要真正结合本地经济社会发展实际引才用才，划分人才种类、层次，分门别类地制定有针对性的人才政策；同时，要找准人才需求点，从人才的实际需要出发进行服务保障，为人才提供个性化、差异化服务，精准回应人才的痛点问题，积极调动用人主体的服务保障积极性。五是要关心关爱青年人才，青年人才处于“科学创造的最佳年龄区”，但同时又面临较大的生活压力，要切实在薪酬待遇、子女教育、父母养老、住房医疗等方面做好对青年人才的服务保障，解决他们的后顾之忧，促进青年人才快速成长为国家战略人才力量。

（四）坚持和弘扬科学家精神

2019 年 5 月，中共中央办公厅、国务院办公厅出台《关于进一步弘扬科学家精神加强作风和学风建设的意见》，要求大力弘扬胸怀祖国、服务人民的爱国精神，勇攀高峰、敢为人先的创新精神，追求真理、严谨治学的求实精神，淡泊名利、潜心研究的奉献精神，集智攻关、团结协作的协同精神，甘为人梯、奖掖后学的育人精神。这六个方面，构成了科学家精神的主要内涵。科学家精神是科技工作者在长期科学实践中积累的宝贵精神财富，是中国共产党人精神谱系的重要组成部分，是做好新时代人才工作的精神引领和思想保证。深入实施人才强国战略，必须大力弘扬科学家精神。

一是要加强平台建设。2022 年，中国科协、教育部、科技部等 7 部委联合发布首批“科学家精神教育基地”名单，中国科学院与“两弹一星”纪念馆、钱学森故居、邓稼先生平陈列馆、袁隆平杂交水稻科学园、吉林大学黄大年纪念馆、西安交通大学交大西迁博物馆等

140个单位入选。要建设好这些科学家精神教育基地，为讲好科学家故事、弘扬科学家精神提供物质载体保障。二是要在全社会大力弘扬科学家精神，加强典型人才、典型事迹的宣传，在全社会形成尊重知识、崇尚创新、尊重人才、热爱科学、献身科学的浓厚氛围。三是要在广大人才群体中弘扬科学家精神，引导广大人才爱党报国、敬业奉献、服务人民，以民族复兴为己任，自觉肩负起时代赋予的创新使命。广大人才要将个人的前途与国家的发展紧密结合起来，增强创新意识和创新本领，大胆创新，矢志奋斗，为以中国式现代化全面推进中华民族伟大复兴贡献力量。

后　记

党的二十大报告提出“深入实施人才强国战略”，明确“强化现代化建设人才支撑”的战略部署，确定了到2035年建成人才强国的宏伟目标。为学习贯彻党的二十大精神，坚定践行习近平总书记关于做好新时代人才工作的重要思想，帮助广大读者深入理解我国建设人才强国的重大意义、发展历程、历史成就，以及实施新时代人才强国战略的新理念新战略新举措，我们在相关课题研究的基础上撰写了《人才强国》一书。本书从2002年党中央作出实施人才强国战略的重大决策，到2022年党的二十大确立建成人才强国的奋斗目标，回顾总结20年来建设人才强国的历史进程、历史成就和历史变革，着重围绕实施新时代人才强国战略，对如何强化现代化建设人才支撑的新使命、新任务展开论述，希望能够对人才理论研究和实际工作者有所启示和参考。

本书由中国人事科学研究院原院长，西南交通大学党的组织建设与人才发展研究中心主任、博士生导师吴江组织专门研究团队共同撰写。其中，吴江负责书稿大纲设计，全书统稿，第一章、第二章撰写，以及第三章合作撰写；西南交通大学马克思主义学院副教授、党的组织建设与人才发展研究中心副主任杨桓负责第三章合作撰写；西南交通大学公共管理学院教授、党的组织建设与人才发展研究中心研究员杨一帆，西南交通大学公共管理学院硕士研究生潘君豪共同负责第四章撰写；西南交通大学马克思主义学院在站博士后曲成举负责第五章撰写；西南交通大学马克思主义学院博士研究生于锦文负责第六章撰写；西南交通大学马克思主义学院博士研究生龚翠艳负责第七章撰写；西南交通大学马克思主义学院在站博士后、西华大学马克思主义学院副教授刘伟明负责第八章撰写；西南交通大学马克思主义学院博士研究生李贵兵负责第九章撰写。

本书在研究撰写过程中参阅了吴江作为首席专家承担的2020年国家社科基金重大委托课题《构建具有全球竞争力的人才制度体系研究》（20ZDA107）的部分成果内容，对于该课题研究团队各位专家的理论贡献，在此表示衷心的感谢。本书难免有疏漏和不足之处，敬请广大读者批评指正。

2023年3月